JUEGOS
GENIALES
para
niños
listos

Juegos y soluciones
creados por el Dr. Gareth Moore
B.Sc (Hons) M.Phil Ph.D

Ilustraciones de Chris Dickason

Editado por Sophie Schrey

Diseño de cubierta de Angie Allison

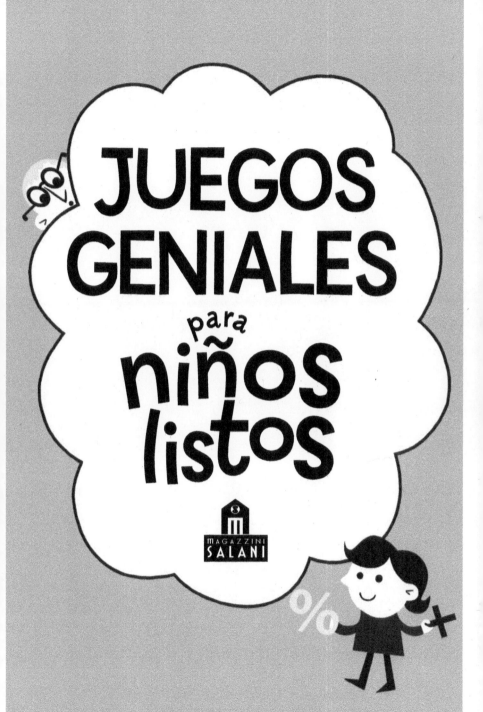

Título original: *Brain games for clever kids*

ISBN: 978-88-9367-433-1

Copyright © Buster Books 2015
Copyright © Adriano Salani Editore s.u.r.l.

Traducción y adaptación: Marcelo E. Mazzanti
Maquetación: ASTER Studio, Milano

Primera edición: abril de 2019
Segunda reedición: diciembre de 2021

Se terminó de imprimir en diciembre de 2021 en Italia
en Rotomail Italia S.p.A. - Vignate (MI)

INTRODUCCIÓN

¿Estás listo para un desafío? Este libro contiene 101 juegos creados para poner a prueba cada una de las partes de tu cerebro. Puedes resolverlos en el orden que quieras, aunque aquí los encontrarás de más fácil a más difícil, así que puede interesarte empezar por el primero e ir avanzando.

Arriba de cada página hay un espacio para que anotes cuánto tiempo te ha costado resolver cada juego. No te cortes en escribir en el libro: al final de todo hay páginas en blanco para que tomes notas. Te resultarán prácticas para ordenarte las ideas mientras trabajas.

Antes de empezar cada juego, lee las instrucciones. Son sencillas, y si te atascas, vuelve a leerlas por si te has perdido algo. Mejor que escribas con lápiz; así, siempre podrás borrar lo que quieras e intentarlo de nuevo.

También puedes probar a preguntarle a un adulto, pero ¿sabías que tu cerebro es mucho más potente que el

INTRODUCCIÓN

de ellos? A medida que la gente crece, sus mentes van eliminando cosas que creen que ya no van a necesitar. Eso quiere decir que tú puedes estar mucho más preparado para resolver los juegos que ellos.

Y, si te quedas atascado de verdad, siempre tienes la opción de echar un vistazo a la solución, en las páginas que siguen a los juegos, y pensar en cómo podrías haberla averiguado por ti mismo.

¡Buena suerte, y que te diviertas!

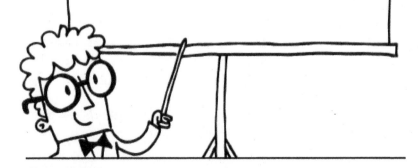

Te presentamos al Rey de los Juegos, el Dr. Gareth Moore

El doctor Gareth Moore es un campeón en enigmas y acertijos y ha escrito un montón de libros de juegos y ejercicios para el cerebro.

Ha creado una web de *brain training* llamada BrainedUp.com y mantiene otra de juegos, PuzzleMix.com. Está titulado por la Universidad de Cambridge, donde enseñaba a las máquinas a entender el lenguaje humano.

 Tiempo.............................

Conecta las formas iguales mediante una línea. Pero, ¡ojo!: las líneas no pueden tocarse o cruzarse, y no puede haber más de una en cada casilla. Tampoco puedes usar líneas diagonales.

Aquí tienes una solución de ejemplo:

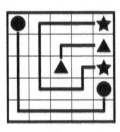

a.

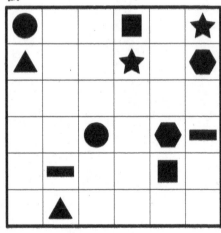

b.

Haz volar tu mente, o al menos hazla trepar por estas escaleras. Tienes que llegar desde la primera palabra hasta la última; en cada tramo has de cambiar una sola letra, formando una nueva palabra real, y así hasta llegar a la última palabra.

Por ejemplo, podrías pasar de **OLA** a **IRÉ** así:

OLA ➡ **ORA** ➡ **IRA** ➡ **IRÉ**

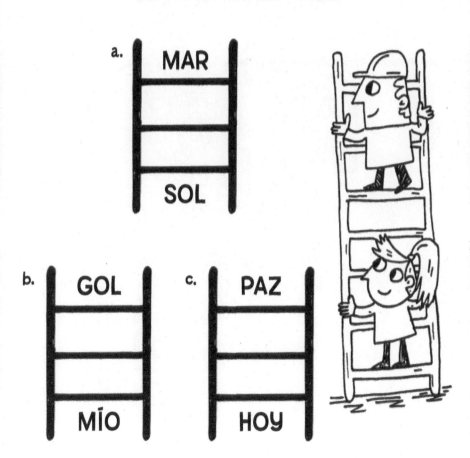

a. **MAR**

SOL

b. **GOL**

MÍO

c. **PAZ**

HOY

Las tres piezas que faltan en este puzle se han mezclado con otras de uno diferente. ¿Cuáles son las que necesitas para completar la imagen?

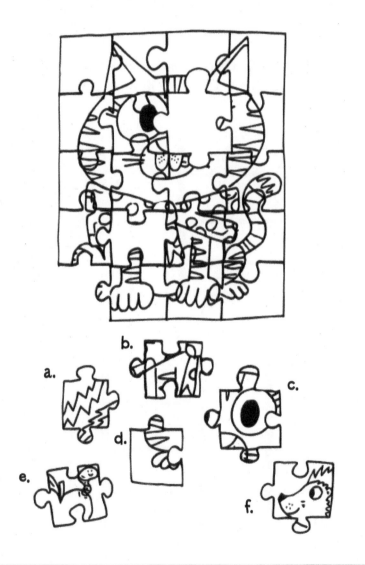

¿Cuántos cubos hay en cada una de estas imágenes en tres dimensiones? No olvides contar los cubos que no puedes ver porque están debajo de otros.

Por ejemplo, en esta imagen hay 4 cubos:

a.

b.

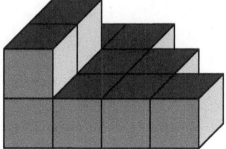

JUEGO DE COCO 5

 Tiempo ....

¿Cuántas palabras de tres letras puedes formar usando una letra de cada anillo del planeta, desde el más lejano hasta el que está más cerca? Por ejemplo, puedes coger una L, una I y una O y hacer un buen «LÍO». 3, 2, 1... ¡despega!

NIVEL BUENO: 5 palabras
NIVEL TRIUNFO: 10 palabras
NIVEL GENIO: 15 palabras

Usa la lógica para averiguar qué casillas contienen minas ocultas.

Reglas

- Las minas solo pueden estar en las casillas vacías, no en las que tienen números.

- El número de dentro de una casilla indica cuántas minas hay en las casillas que la rodean, incluidas las diagonales.

Mira este ejemplo para ver cómo funciona:

		1
☀	3	☀
1	3	☀

Ahora prueba con estos tres cuadrados:

a.

1	1	2	1
		2	
2	3		2
	2		

b.

1			
2	3	3	
	2		1
		0	

c.

	1	1	0	
			2	1
1	3		4	
	2		5	
		2		

¡Haz como los espías y descifra estos mensajes secretos!

Mensaje 1

Algunas letras, como la A o la H, son simétricas verticales. Eso quiere decir que si la partes por el centro verticalmente, una mitad es la imagen opuesta (o «imagen espejo») de la otra. Fíjate:

Este mensaje es muy raro, ¡tiene truco! ¡Si tachas las letras simétricas verticales, verás que en realidad te están diciendo lo que quieren para comer?

TU PUERTA
CAE A
MI BOTE

Mensaje 2

También hay letras que son simétricas si las partes horizontalmente, como puedes ver en este ejemplo:

Le preguntas al espía qué siente tras hacer lo del mensaje anterior. Su respuesta es muy rara, pero si eliminas las letras que no son simétricas horizontales verás la solución.

LA DAMA SE LLAMA DORA

JUEGO DE COCO 8

 Tiempo..............................

En Estrellalandia tienen cuatro tipos de monedas: de 1 estrella, de 2, de 5 y de 10. Son así:

a. ¿Cuál es la cantidad mínima de monedas que necesitas para pagar 48 estrellas?

b. ¿Y para pagar 27 estrellas?

c. Quieres comprar algo, pero no sabes cuánto cuesta. ¿Cuál es la cantidad mínima de monedas que necesitas para estar seguro de poder pagar exactamente 22 o 33 estrellas?

d. Tenías un billete de 100 estrellas y has comprado algo que te ha costado 63 estrellas. ¿Cuál es el número mínimo de monedas con que pueden darte el cambio?

¿Crees que puedes ganar el título de Dominador del Dominó? Tienes que poner las cinco fichas sueltas en el lugar que les corresponde. Recuerda que las fichas solo pueden tocarse cuando valen lo mismo: un 5 con un 5, un 6 con un 6...

JUEGO DE COCO 10

 Tiempo ....

Estas imágenes parecen iguales, pero hay diez diferencias.
¿Puedes encontrarlas?

Completa este sudoku colocando un número del 1 al 6 en cada casilla. No puedes repetir el mismo número en ninguna fila horizontal, columna vertical ni en los recuadros.

JUEGO DE COCO 12

¡Esta fábrica es un verdadero caos! Ayuda a los trabajadores: divide el cuadrado con dos líneas rectas que empiecen en un lado y acaben en otro. Tienen que quedarte tres zonas, y en cada una ha de haber un trabajador, una brocha y un casco.

CONSEJO: Usa una regla o el borde de otro libro para que las líneas te queden bien rectas.

Busca objetos de una juguetería en esta sopa de letras.
Pueden estar escritos hacia delante, hacia atrás, hacia arriba,
hacia abajo o en diagonal.

R	A	E	R	O	L	O	C	E	D	O	R	B	I	L
A	H	O	C	V	I	A	X	R	T	O	B	E	R	L
C	C	J	U	S	A	L	A	P	A	N	E	P	A	J
E	N	I	R	A	Y	I	U	O	N	A	T	I	S	U
Ñ	I	A	M	A	E	Z	I	A	T	Z	U	S	E	E
U	V	M	A	I	Z	P	U	E	S	N	O	T	X	G
M	C	I	E	L	U	N	U	M	A	O	R	O	E	O
P	O	R	E	A	F	Q	E	C	I	E	L	L	H	D
A	M	E	N	F	A	T	E	W	O	P	E	A	C	E
O	B	R	E	R	F	O	N	D	U	S	I	D	O	M
G	A	V	I	O	N	S	E	R	O	R	S	E	C	E
D	R	O	L	I	V	O	M	A	R	G	O	A	L	S
H	E	L	I	C	O	P	T	E	R	O	E	G	I	A
R	A	Y	L	K	O	M	E	T	O	N	C	U	E	L
A	L	O	S	N	O	C	I	N	P	E	E	A	J	A

AVIÓN
COMBA
CONSOLA
HELICÓPTERO
JUEGO DE MESA
JUEGO DE QUÍMICA

LIBRO DE
COLOREAR
MÓVIL
MUÑECA
PALAS
PEONZA

PISTOLA DE AGUA
PUZZLE
RAQUETA

JUEGO DE COCO 14

 Tiempo......................................

¡Esta página está llena de bichos!

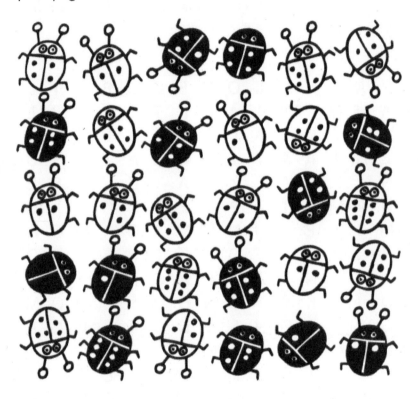

a. ¿Cuántos bichos hay en total?

b. ¿Hay más bichos blancos o negros?

c. ¿Cuántos bichos tienen la misma cantidad de patas que de puntitos?

d. ¿Cuántos bichos tienen un número impar de puntitos?

e. ¿Cuántos tienen antenas y más de tres puntitos?

¿Puedes unir todos los puntos con una única línea?
Los tramos solo pueden ser horizontales o verticales,
y no pueden cruzarse ni tocarse. Para ayudarte a empezar,
ya te hemos dibujado algunas partes de la línea.

Fíjate en este ejemplo:
la línea pasa por
todos los puntos.

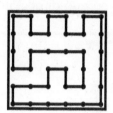

a.

b.

JUEGO DE COCO 16

 Tiempo...................................

¿Serás capaz de resolver este crucigrama? Las definiciones están escritas dentro de las casillas y marcan con una flecha dónde va la solución. Siempre tienes que escribir las palabras de izquierda a derecha y de arriba abajo, no importa en qué dirección señale la flecha.

Transportaré	▼	Utiliza ▶			
P	**L**	**A**	**N**	**E**	**A**
Hace planes		Se atreve ▶			
			Primer número ▲		Vocal repetida ▲
			Anillo ▼		Rabia ▼
Pájaro		De esta manera ▶			
				Cerebros ▲	
Rezar		Movimiento del mar ▶			

¿Podrás superar el supersudoku semisupremo?
Complétalo poniendo un número del 1 al 6 en cada
casilla. No puedes repetir el mismo número en ninguna
fila horizontal, columna vertical ni dentro de los recuadros.

1	3				
6		2	3	1	
					4
2					
	5	1	2		3
				4	2

 Tiempo..................................

Divide esta forma en cuatro trozos, sin que acabe sobrando ningún recuadro. Todos los trozos han de tener la misma forma, aunque puede estar girada de diferentes maneras. Los cuatro trozos no pueden pisarse unos a otros. Tampoco puedes partir los recuadros existentes; tienes que usarlos enteros.

Fíjate en este ejemplo, y cómo las cuatro formas de la solución son exactamente iguales: si las recortaras, podrías girarlas de modo que encajarían exactamente.

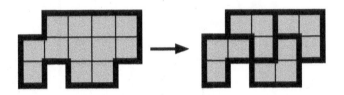

CONSEJO: Empieza calculando cuántos recuadros ha de tener cada trozo. Como los trozos han de ser iguales, solo tienes que contar la cantidad total de recuadros y dividirla entre 4.

Un anagrama es una palabra que usa las mismas letras que otra, pero en diferente orden. Por ejemplo, AMOR es un anagrama de ROMA.

En las frases de abajo tienes que colocar la palabra que falta, que siempre es un anagrama de la palabra en mayúsculas.

a. Voy a hacerme un vestido de RASO de color _ _ _ _ .

b. Se ha roto una LOSA del suelo y la voy a tener que arreglar yo _ _ _ _ .

c. Mis amigas y yo hemos visto un gato con tres COLAS, pero todos nos dicen que estamos _ _ _ _ _ .

d. Me gusta ser cartero y repartir las SACAS de cartas por todas las _ _ _ _ _ .

e. Hagamos un _ _ _ _ _ : yo traigo la bebida y tú la TORTA.

f. Tengo que enfrentarme a varios RETOS, pero estoy resfriado y no paro de _ _ _ _ _ .

JUEGO DE COCO 20

 Tiempo..........................

¿Cuál es el siguiente número en cada una de estas series matemáticas?

a.	1	3	5	7	___
b.	2	4	8	16	___
c.	2	5	8	11	___
d.	81	27	9	3	___
e.	4	5	7	10	___

Este problema se parece a un sudoku, pero se llama futoshiki. Tienes que colocar los números del 1 al 3 **(en el juego a.)** y del 1 al 4 **(en el b.)** de forma que solo aparezcan una vez en cada fila y cada columna.

También tienes que cumplir con el signo > («mayor que») entre dos casillas. Por ejemplo, «2 > 1» es correcto (2 es mayor que 1), pero «1 > 2» no lo es (1 no es mayor que 2).

Aquí tienes uno ya resuelto, para que veas cómo funciona:

	2	3
2		1
3	1	2

→

1	2	3
2	3	1
3	1	2

a.

3		
	>	
		3

b.

			1
	>	3	
	2		>
4	>		<

JUEGO DE COCO 22

 Tiempo ....

Imagina subir y bajar estas tiras de letras para formar diferentes palabras en la «ventana» horizontal. ¿Cuántas puedes crear tú? Todas han de ser de cuatro letras, no pueden quedar espacios vacíos. Para empezar ya te hemos puesto una en la «ventana».

NIVEL BUENO: 5 palabras
NIVEL TRIUNFO: 10 palabras
NIVEL GENIO: 15 palabras

Resuelve este sudoku colocando un número del 1 al 6 en cada casilla. No puedes repetir el mismo en ninguna fila horizontal, columna vertical ni dentro de un recuadro.

JUEGO DE COCO 24

 Tiempo ....

Usando solo tu imaginación, adivina qué número conseguirías si recortaras las casillas y las ordenaras. No tienes que girarlas, solo cambiar el orden. Pero recuerda: solo con tu imaginación, no vale recortarlas de verdad. ¡Te estamos vigilando!

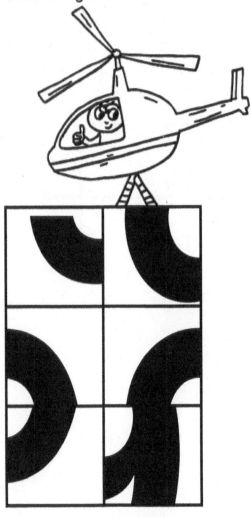

¡Aquí se cuece algo! Ordena las letras para formar los nombres de tres deportes que se juegan con raqueta. Usa todas las letras, y solo una vez cada una.

JUEGO DE COCO 26

 Tiempo..................................

Esto es como un crucigrama, pero ya te damos las respuestas; solo tienes que colocarlas. ¡Pero no te creas que es tan fácil!

CONSEJO: Empieza por colocar la palabra de nueve letras.

3 letras	4 letras		5 letras
Ala	Alto	Obra	Ático
Bar	Bien	Reto	Robot
Nos	Bola	Rubí	
Oro	Cara	Tira	9 letras
	Foca	Toro	Fotógrafo
	Oboc	Tres	

Para resolver este matesudoku, has de colocar los números 1, 2 y 3 una vez en cada fila y cada columna sin que se repitan. Pero, además, has de tener en cuenta que cada parte cumpla con la instrucción (tipo «5+») que verás dentro. ¡No te agobies, ahora verás cómo hacerlo!

Mira este ejemplo:

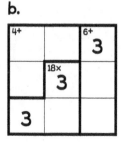

- Arriba a la izquierda, «5+» significa que los números de las dos casillas han de sumar 5. Por tanto, has de poner un 2 (3+2=5).

- Ahora fíjate en la parte «2-». Eso quiere decir que si restas los números de esta parte el resultado es 2. La solución es 1, porque 3-1=2.

- En la parte «12x» todos los números multiplicados han de dar 12. Como no se pueden repetir números en las filas o columnas, arriba a la derecha ha de ir un 1 (ya has usado el 2 y el 3 en la fila). Por la misma razón, el número que falta abajo es un 2. Deduce así el resto de números. Si todo va bien, los números de esta parte, multiplicados, darán 12. ¡Felicidade!

a.

b.

c.

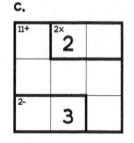

JUEGO DE COCO 28

 Tiempo.............................

¿Puedes encontrar el doble exacto de cada monstruo?

Todas las respuestas a este problema incluyen una letra del círculo. Siempre han de contener la letra del centro y dos o más de las otras (por ejemplo: ROSA u OTRA). Solo puedes usar cada letra una vez por palabra.

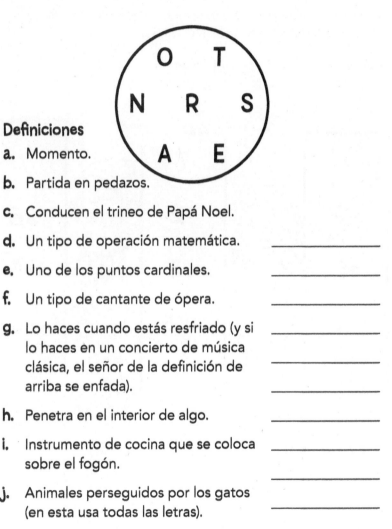

Definiciones

a. Momento.

b. Partida en pedazos.

c. Conducen el trineo de Papá Noel.

d. Un tipo de operación matemática. _____

e. Uno de los puntos cardinales. _____

f. Un tipo de cantante de ópera. _____

g. Lo haces cuando estás resfriado (y si _____
   lo haces en un concierto de música
   clásica, el señor de la definición de _____
   arriba se enfada). _____

h. Penetra en el interior de algo. _____

i. Instrumento de cocina que se coloca _____
   sobre el fogón.
   _____

j. Animales perseguidos por los gatos
   (en esta usa todas las letras). _____

JUEGO DE COCO 30

 Tiempo ....

¡Estos sí que son juegos de coco! Tienes que resolverlos en tu cabeza, sin escribir nada, salvo el resultado al final.

Cada columna es un juego diferente. Tienes que empezar por el número de arriba e ir bajando, haciendo (¡siempre en tu cabeza!) las operaciones indicadas, hasta escribir el resultado en la casilla vacía de abajo.

Por ejemplo, en la primera columna empiezas por 7, le restas 5, al resultado le añades 3... y así hasta el final.

a.

7

-5

+3

×2

-4

:2

b.

7

+2

:3

×2

-1

+3

c.

7

×6

+5

-6

+11

:4

Usa estas letras para encontrar las respuestas a las definiciones de abajo. Puedes empezar por cualquiera y pasar a otra que la toque, incluso en diagonal, pero usando cada una solo una vez por palabra.

Por ejemplo, podrías empezar por la L, pasar a la E a su izquierda y bajar a la A en la diagonal derecha para formar «LEA».

Definiciones

a. Tiene cuatro patas, pero no es un animal: sirve para dormir. (4 letras)

b. Esta sí que es la hembra de un animal. Aunque lo parezca, su nombre no le viene de leer mucho. (5 letras)

c. Es otra palabra para decir «engaña». (6 letras)

d. Hembra de un animal mamífero que por su nombre parece que sea el más bonito. (4 letras)

e. Ciudadano del país europeo donde está Berlín. (6 letras)

¡Reto extra!

¿Puedes encontrar una palabra que use las ocho letras?

JUEGO DE COCO 32

En este juego especial para los exploradores y piratas de mentes despiertas, tienes que construir puentes entre las islas, de forma que todas queden comunicadas.

Reglas

- Los puentes solo pueden ser horizontales o verticales, y de cada isla tiene que salir la cantidad total de puentes indicada en esta.

- No puede haber más de 2 puentes en cada lado de una isla.

- Los puentes no pueden cruzarse ni pueden pasar por encima de una isla sin tocarla.

- Una vez completados los puentes, tienes que poder viajar desde cada isla hasta cualquier otra, usándolos.

Este ejemplo te ayudará a entenderlo:

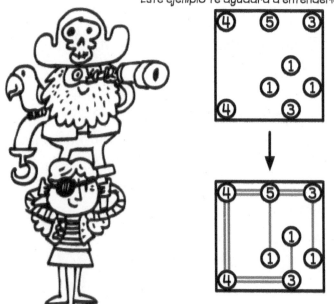

a.

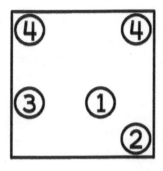

b.

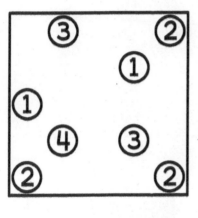

c.

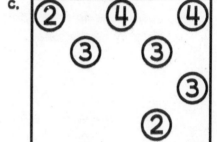

JUEGO DE COCO 33

Este es como el típico juego de barcos de toda la vida: tienes que encontrar varios, que miden diferentes cantidades de casillas. Pero esta vez tendrás que averiguar dónde están de una forma distinta.

Las reglas

- Cada fila y cada columna tienen un número que indica cuántas casillas están ocupadas por un trozo de barco.

- Todos los barcos están colocados horizontales o verticales; ninguno está en diagonal.

- Los barcos no se pueden tocar ni por arriba, ni por abajo ni en diagonal.

Mira este ejemplo. A la izquierda dice qué barcos había que encontrar. Y a la derecha muestra dónde estaban.

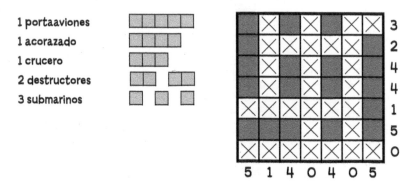

1 portaaviones
1 acorazado
1 crucero
2 destructores
3 submarinos

En gris, los barcos. Las X son el agua.

CONSEJOS:

- Empieza marcando las casillas que seguro son «agua» porque tanto la línea como la columna a la que pertenecen señalan que hay 0 trozos de barco.

- Cuando hayas encontrado un barco entero, acuérdate de que estos no se tocan, así que todas las casillas que lo rodean son «agua».

Ahora intenta encontrar estos barcos en el tablero de abajo.

1 portaaviones	
1 acorazado	
1 crucero	
2 destructores	
3 submarinos	

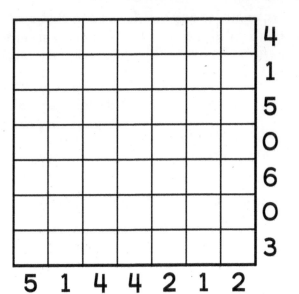

Usa la mente (¡y un lápiz!) para resolver este crucigrama.

Horizontales

1. Misivas, como las que escribes a los Reyes Magos.

4. Otro nombre para un escorpión.

6. Dejar algo (y rezar para que te lo devuelvan).

8. Lo que hago cuando uso mi cerebro.

Verticales

1. Lo son el rojo, el amarillo y el verde (y no es un semáforo).

2. Lo que dice el botón de «grabar» en una cámara de vídeo.

3. Nombre que se les da a los santos.

5. Que tiene alas.

6. Iniciales de «precio de venta al público».

7. Preposición que significa lo contrario de «con».

Completa este sudoku colocando un número del 1 al 8 en cada casilla. No puedes repetir el mismo número en ninguna fila horizontal, columna vertical ni dentro de cada recuadro.

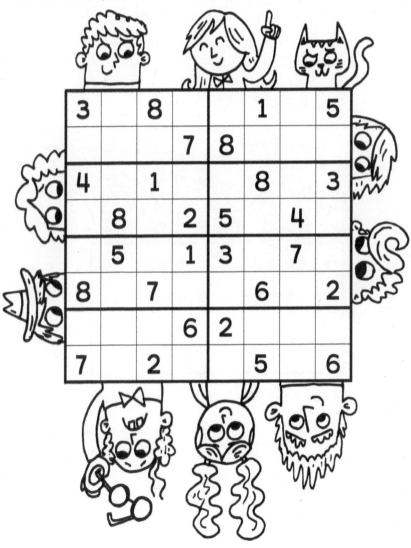

¿Puedes descubrir el significado de estos códigos secretos? Cada uno te muestra la primera letra de una palabra, y (¡aunque no lo parezca!) las palabras forman listas que te resultarán muy familiares. Abajo te damos una pista para una.

Mira este ejemplo:

L   M   M   J   V   S   D

PISTA: Los verás en un calendario.

SOLUCIÓN: Lunes, Martes, Miércoles, Jueves, Viernes, Sábado, Domingo (los días de la semana por orden).

a. E F M A M J J A S O N D

b. R N A V A Í V

c. U D T C C S S O N D

d. P S T C Q S S O N D

PISTA a. Los encontrarás todos ordenados en un calendario.

PISTA b. ¿Qué puedes ver a veces cuando brilla el sol después de la lluvia, o reflejado en la superficie de un DVD, o al hacer una pompa de jabón?

PISTA c. Prueba a contar números en voz alta.

PISTA d. Tiene mucho que ver con la lista anterior. Piensa, por ejemplo, en los resultados de una carrera.

En este juego de coco tienes que dibujar un recuadro
dentro de cada casillero, que cumpla las reglas:

- No puedes trazar líneas diagonales.
- Las líneas del recuadro no pueden cruzarse,
  y solo pueden pasar por las casillas vacías.
- El número en una casilla indica la cantidad de casillas
  que la rodean por las que ha de pasar una línea
  (incluyendo las casillas diagonales).

Echa un vistazo a este ejemplo. Fíjate especialmente en el 8: significa que
pasan líneas por todas las casillas que lo rodean.

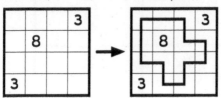

a.

b.

JUEGO DE COCO 38

 Tiempo.................................

Sabemos que los sudokus normales son demasiado fáciles para una mente tan despierta como la tuya, así que a este le hemos añadido una complicación extra para que no te confíes.

- Tienes que poner los números del 1 al 6 una vez en cada fila, columna y recuadro.
- Pero, además, tienes que seguir los signos > («mayor que»). Por ejemplo, «2 > 1» es correcto porque el 2 es mayor. «2 > 3» sería incorrecto, porque 2 no es mayor que 3.

4	1	2	6	3	
3					
	5			4	
	4			2	
					1
	3	1	2	6	4

Esto te sonará: busca 15 instrumentos musicales en esta sopa de letras. Pueden estar en horizontal, en vertical o en diagonal, y al derecho o al revés.

```
V  A  N  I  N  O  F  O  X  A  S  F  O  N  I
D  M  O  L  O  R  R  I  S  O  N  S  U  G  N
P  I  N  P  M  A  O  M  A  R  I  M  B  A  C
C  M  Y  I  C  R  G  P  A  N  E  L  A  B  T
A  A  C  A  E  N  U  D  T  E  L  A  U  N  R
R  M  L  N  E  A  I  E  A  D  R  T  N  L  O
L  O  S  O  M  V  T  B  L  F  E  R  E  L  M
E  N  B  A  A  I  A  N  I  L  O  I  V  F  P
S  O  A  D  Z  N  R  O  T  A  N  A  E  R  E
O  B  B  A  T  E  R  I  A  U  A  N  E  L  T
R  M  D  C  O  U  A  R  N  T  F  G  R  A  A
B  O  O  S  C  A  N  M  I  A  D  U  D  B  R
R  R  A  S  E  N  O  L  L  E  T  L  A  M  E
I  T  R  O  J  A  B  A  R  T  N  O  C  I  O
L  U  M  A  R  A  C  A  S  C  A  R  R  T  H
```

BATERÍA	MARIMBA	TIMBAL
CONTRABAJO	OBOE	TRIÁNGULO
FLAUTA	PIANO	TROMBÓN
GUITARRA	SAXOFÓN	TROMPETA
MARACAS	SINTETIZADOR	VIOLÍN

Conecta las formas iguales mediante una línea. Pero, ¡ojo!: las líneas no pueden tocarse o cruzarse, y no puede haber más de una en cada casilla. Tampoco puedes usar líneas diagonales.

Aquí tienes una solución de ejemplo:

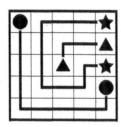

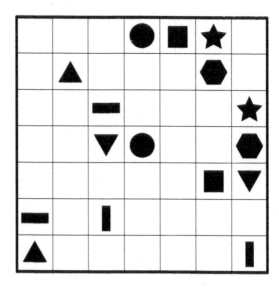

¡Hay un ladrón de vocales suelto! Intenta volver a poner todas las que se ha llevado de las palabras de abajo.

Por ejemplo: JMPL ➡ **EJEMPLO**

a. BSTNT

b. MRVLL

c. LMRZR

d. SÑDR

e. MRCLG

f. CNTNT

g. TLVSN

h. CRRTR

Mira estas flores:

a. ¿Cuántas tienen por lo menos tres pétalos negros?

b. ¿Cuántas hojas hay en total?

c. ¿Cuántas flores tienen el centro negro y más de dos hojas?

d. En total, ¿hay más pétalos negros o blancos?

e. ¿Cuántas flores tienen más hojas que pétalos?

A ver cuánto tardas en encontrar las palabras ocultas
en este mensaje secreto. Tienes que borrar una letra
de cada par.

Mira este ejemplo. Borrando una letra
de cada par se obtiene «COCO»:

V̶C   A̶O   C̶L   O D̶

a.   TV   IJ   OP

b.   RZ   GO   RC   AX

c.   MJ   EO   GS   AU

d.   FG   EA   NT   SE   YO

JUEGO DE COCO 44

 Tiempo.............................

Completa este sudoku colocando un número del 1 al 6 en cada casilla. No puedes repetir el mismo número en ninguna fila horizontal, columna vertical ni dentro de los recuadros.

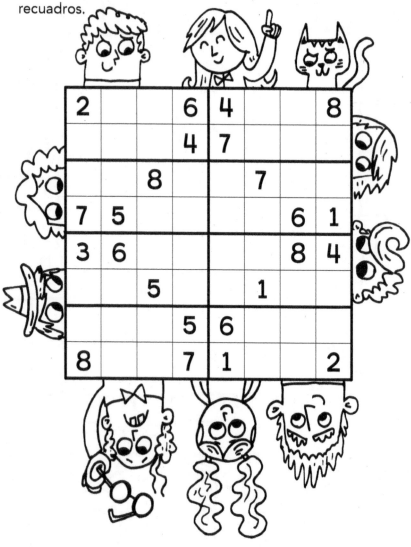

Encuentra 5 pares de flores exactamente iguales.

JUEGO DE COCO 46

 Tiempo ....

¿Puedes unir todos los puntos con una sola línea?
Los tramos solo pueden ser horizontales o verticales,
y no pueden cruzarse ni tocarse. Para ayudarte a empezar,
ya te hemos dibujado algunas partes de la línea.

Fíjate en este ejemplo:
la línea pasa por todos
los puntos.

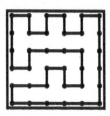

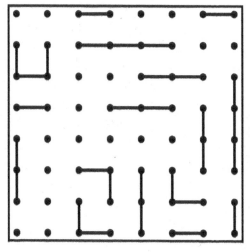

¡Este juego es complicado al cubo! Calcula precisamente cuántos cubos hay en esta imagen en 3D.

Mira este ejemplo: si tienes un «muro» de 2 cubos de ancho, 2 de largo y 2 de alto, el total son 8 cubos. Si quitas un cubo, te quedan 7.

Ahora intenta calcular cuántos cubos hay en esta construcción de 5 de ancho, 3 de largo y 4 de altura. Todos los que faltan están a la vista; no falta ninguno en las partes que no puedes ver.

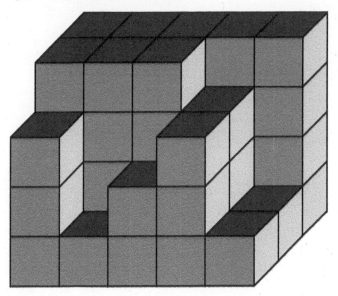

CONSEJO: La mejor forma de resolver este juego es contar cada nivel por separado, como si fueran pisos de un edificio. Empieza por contar cuántos cubos hay en el nivel inferior (la «planta baja»), donde no falta ninguno; solo tienes que multiplicar los 5 cubos de ancho por los 3 de largo.

JUEGO DE COCO 48

¡No hay sudoku que se resista a una mente despierta como la tuya! ¿Listo para demostrarlo de nuevo? Recuerda que le hemos añadido una complicación extra para que no te confíes.

Reglas

- Tienes que colocar los números del 1 al 6 una vez en cada fila, columna y recuadro.

- Pero, además, tienes que seguir los signos > («mayor que»). Por ejemplo, «2 > 1» es correcto porque el 2 es mayor. «2 > 3» sería incorrecto, porque 2 no es mayor que 3.

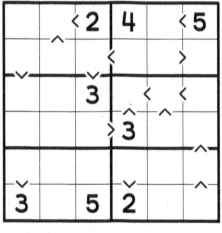

Usa estas letras para encontrar las respuestas a las definiciones de abajo. Puedes empezar por cualquiera y pasar a otra que la toque, incluso en diagonal, pero usando cada una solo una vez por palabra.

Por ejemplo, podrías empezar por la R, pasar a la O a su derecha, a la S en diagonal y a la A a la izquierda para formar «ROSA».

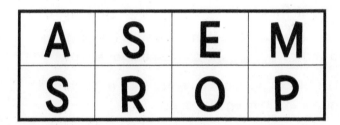

Definiciones

a. Tiene cuatro patas y se usa normalmente con una silla, pero no es un caballo. (4 letras)

b. Otra palabra para decir «lavabo». (4 letras)

c. Lo que haces al usar una balanza, y lo que sientes si ves que has ganado muchos kilos. (5 letras)

d. Código que usaban los barcos para decir, por ejemplo, «SOS». (5 letras)

e. Partes una cosa en dos o más pedazos. (6 letras)

¡Reto extra!

Ahora reordena las 8 letras para encontrar la palabra escondida. ¿La encuentras?

JUEGO DE COCO 50

Otro juego de barcos para futuros *marines*: tienes que encontrar varias embarcaciones, que miden diferentes cantidades de casillas. Pero debes averiguar dónde están del mismo modo que en el juego de barcos anterior.

Las reglas

- Cada fila horizontal y cada columna vertical tienen un número que indica en cuántas casillas hay un trozo de barco.

- Todos los barcos están colocados horizontales o verticales; ninguno está en diagonal.

- Los barcos no se tocan entre ellos ni por arriba, ni por abajo ni en diagonal.

Mira este ejemplo. A la izquierda dice qué barcos había que encontrar. Y a la derecha muestra dónde estaban.

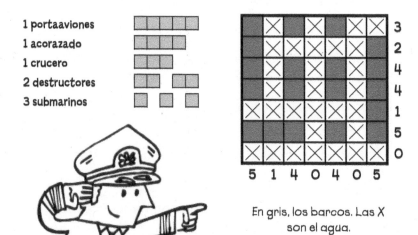

1 portaaviones
1 acorazado
1 crucero
2 destructores
3 submarinos

3
2
4
4
1
5
0

5 1 4 0 4 0 5

En gris, los barcos. Las X son el agua.

CONSEJOS:

- Empieza marcando las casillas que seguro son «agua» porque tanto la línea como la columna a la que pertenecen señalan que hay 0 trozos de barco.

- Cuando hayas encontrado un barco entero, acuérdate de que estos no se tocan, así que todas las casillas que lo rodean son «agua».

Ahora intenta encontrar estos barcos en el tablero de abajo.

1 portaaviones

1 acorazado

2 cruceros

2 destructores

3 submarinos

Filas: 1, 2, 7, 2, 0, 4, 0, 2, 4, 0

Columnas: 1, 1, 4, 2, 3, 0, 7, 0, 1, 3

JUEGO DE COCO 51  Tiempo.................................

Vuelve a hacer volar tu mente, o al menos hazla trepar por estas nuevas escaleras. Tienes que llegar desde la primera palabra hasta la última; en cada tramo has de cambiar una sola letra (sin cambiar de orden el resto), formando una nueva palabra real, y así hasta llegar a la última palabra.

Por ejemplo, podrías pasar de **REMO** a **TORO** así:

REMO ➙ **TEMO** ➙ **TIMO** ➙ **TIRO** ➙ **TORO**

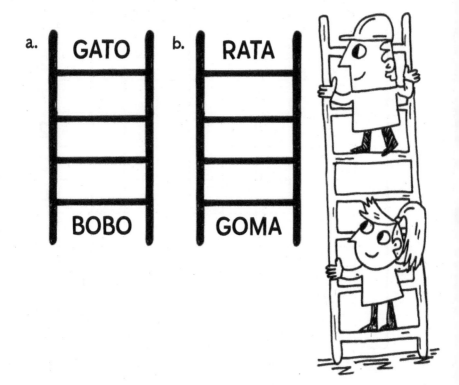

a. GATO ... BOBO

b. RATA ... GOMA

Tiempo............................. **JUEGO DE COCO 52**

Las imágenes parecen iguales, pero hay 10 diferencias.
¿Puedes encontrarlas?

JUEGO DE COCO 53

¡Ha llegado la hora de renovar tu título de Dominador del Dominó! Tienes que colocar las diez fichas sueltas en los lugares que les corresponden. Recuerda que las fichas solo pueden tocarse por una mitad que valga lo mismo: un 5 con un 5, un 6 con un 6...

Divide este ojo de buey (¡así llaman los marinos a las ventanillas redondas!) en cuatro partes, usando dos líneas rectas que vayan de lado a lado. Cada parte tiene que contener un submarinista, un tiburón y una medusa. Las líneas tienen que cruzarse para que puedas formar las cuatro partes.

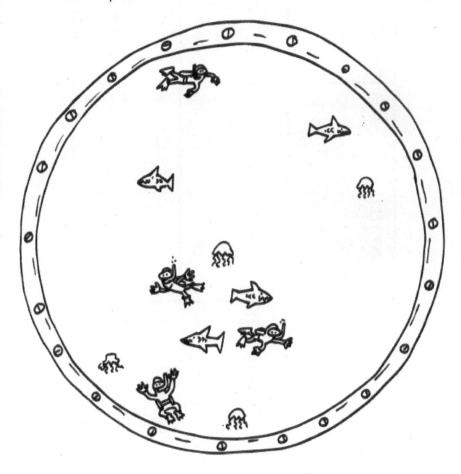

 Tiempo...........................

¡Este «sudoroku» te hará sudar! Pon un número del 1 al 9 en cada casilla. No repitas el mismo número en ninguna fila, columna ni recuadro.

	8	2	9		6	4	7	
4	1		3		2		6	9
7				1				3
9	2						1	8
		8				9		
1	6						3	5
8				2				7
2	7		4		5		8	6
	5	1	7		8	3	2	

De nuevo, este es un verdadero juego de coco: has de resolverlo en tu cabeza, sin escribir nada hasta el final.

Cada columna es un juego diferente. Tienes que empezar por el número de arriba e ir bajando, haciendo (¡siempre en tu cabeza!) las operaciones indicadas, y escribir el resultado en la casilla vacía de abajo.

Por ejemplo, en la primera columna empiezas por 16, lo divides entre 4, multiplicas el resultado por 6... y así hasta el final.

a.

16
:4
×6
-19
+12
-10

b.

12
:6
+15
×4
-20
+7

c.

20
+13
-5
+17
-13
×2

JUEGO DE COCO 57

En este juego especial para los exploradores y piratas de mentes despiertas, tienes que construir puentes entre las islas, de forma que todas queden comunicadas.

Reglas

- Los puentes solo pueden ser horizontales o verticales, y de cada isla tiene que salir la cantidad total de puentes indicada en esta.

- No puede haber más de 2 puentes en cada lado de una isla.

- Los puentes no pueden cruzarse ni pueden pasar por encima de una isla sin tocarla.

- Una vez completados los puentes, tienes que poder viajar desde cada isla a cualquier otra, usándolos.

Este ejemplo te ayudará a entenderlo:

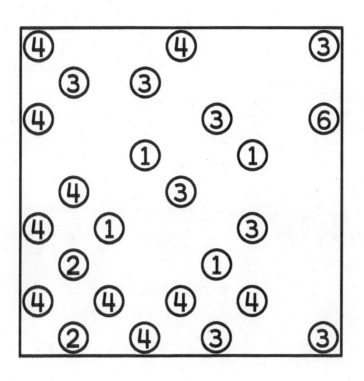

JUEGO DE COCO 58

 Tiempo ....

¿Cuántas palabras de tres letras puedes formar usando una letra de cada anillo del planeta, desde el más lejano hasta el que está más cerca? Por ejemplo, puedes coger una T, una E y una O y llamar a «TEO». 3, 2, 1... ¡despega!

NIVEL BUENO: 5 palabras
NIVEL TRIUNFO: 10 palabras
NIVEL GENIO: 15 palabras

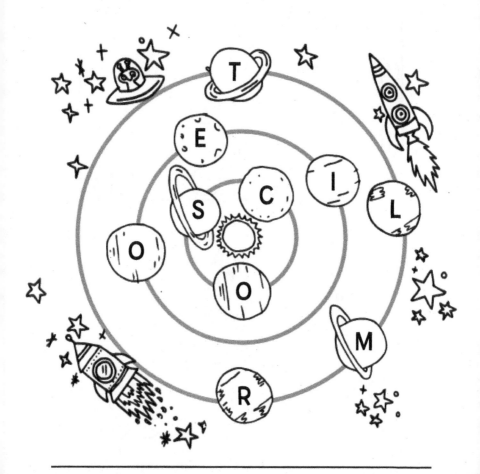

Alucina con un tipo único de sudoku: el «ventanoku».
Tienes que colocar los números del 1 al 9 de forma que
aparezcan todos y no se repitan ni en las filas horizontales,
ni en las columnas verticales, ni en las zonas sombreadas.

¡Seguro que habías
oído hablar de los
«ventanucos»,
pero no de los
«ventanokus»!

	4	9				2	8	
1	2						4	3
8		3		7		1		6
			9	2	7			
		8	3		1	6		
			5	6	8			
2		4		1		3		5
7	9						2	8
	6	5				9	7	

JUEGO DE COCO 60

¡Comprueba si tu mente, además de despierta, es brillante! En este juego tienes que colocar farolas por las «calles» del tablero, de forma que no quede ni una casilla sin iluminar.

Reglas

- Las farolas iluminan todas las casillas de su fila y su columna hasta el final o hasta que se topan con una casilla negra. No iluminan en diagonal.

- El número en algunas casillas indica en cuántas de las casillas que rodean a esta (menos las diagonales) debe haber una farola.

- Ninguna farola puede iluminar a otra.

- Puedes colocar farolas en todas las casillas vacías que quieras, siempre que cumplas con estas reglas.

Mira este ejemplo de «antes» y «después»:

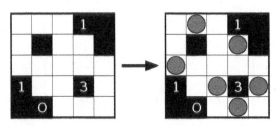

Observa cómo las casillas con número están rodeadas de esa cantidad de farolas.

Imagínate qué casillas ilumina cada farola; verás que todas las casillas del tablero quedan iluminadas, ninguna farola ilumina a otra, y se cumple lo indicado en las casillas numeradas.

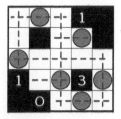

CONSEJO: Para aclararte, puedes marcar con una línea de puntos lo que ilumina cada farola.

¡A ver si puedes echar luz sobre estos dos problemas!

a.

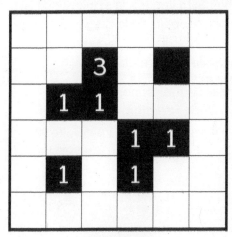

b.

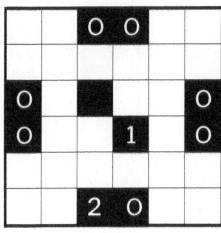

JUEGO DE COCO 61

Esta mezcla de sudoku y crucigrama se llama «kakuro». (¡Además de jugar aprendes japonés!). Tienes que colocar un número del 1 al 9 en cada casilla.

Reglas

- En las casillas sombreadas, el número de arriba de la diagonal indica lo que deben sumar las casillas en blanco a su derecha hasta llegar a la siguiente casilla sombreada. El número debajo de la diagonal indica lo que deben sumar las casillas en blanco de debajo hasta la siguiente casilla sombreada.

- En las casillas blancas seguidas, horizontales o verticales, no se puede repetir el mismo número. Por ejemplo, si dos casillas han de sumar 4, valen un 3 y un 1, o un 1 y un 3, pero no un 2 y otro 2.

Mira este «antes» y «después» para ver cómo funciona el juego:

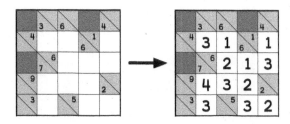

a.

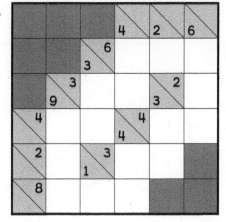

b.

JUEGO DE COCO 62

Pon una letra en cada casilla de esta pirámide de palabras, de forma que desde arriba hasta abajo se correspondan con las definiciones.

En cada nueva fila tienes que añadir una letra a la palabra anterior. Así, cada palabra tendrá una letra más, aunque el orden en que aparecen puede cambiar completamente.

Por ejemplo, si en la primera fila dice OSA, en la segunda puedes añadirle una R y formar RASO, y en la tercera añadir una M y formar MORSA.

a.
b.
c.

Definiciones

a. Hay 12 en cada año, y todos empiezan por un 1.

b. Mueble que usas para comer, para estudiar, para apoyar cosas...

c. Asignatura del cole en la que todo son números.

d. Día de la semana en el que no hay que casarse ni embarcarse.

e. Idease un plan.

f. Plural de un instrumento de laboratorio.

g. Volvemos a catar.

a.

b.

c.

d.

e.

f.

g.

Si recortaras la forma de la izquierda y la doblaras, podrías construir un cubo de seis lados como el de la derecha.

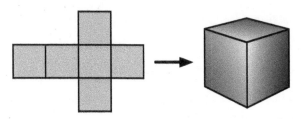

Aquí tienes cinco formas más, pero solo con tres de ellas podrías crear un cubo de seis lados. ¿Cuáles son?

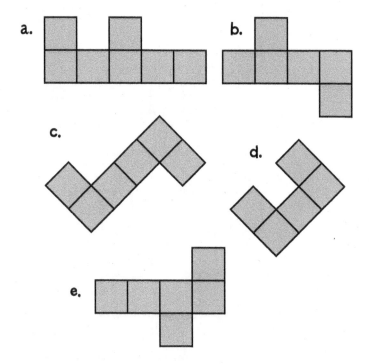

a.

b.

c.

d.

e.

Usando solo tu imaginación, adivina qué letra mayúscula conseguirías si recortaras las casillas y las ordenaras. No tienes que girarlas, solo cambiar el orden. Pero recuerda: solo con tu imaginación. ¡No vale recortarlas de verdad!

JUEGO DE COCO 65

En este juego de coco tienes que dibujar un recuadro
dentro de cada casillero que cumpla con estas reglas:

- No puedes trazar líneas diagonales.

- Las líneas del recuadro no pueden cruzarse,
  y solo pueden pasar por las casillas vacías.

- El número en una casilla indica la cantidad de casillas
  que la rodean por las que ha de pasar una línea
  (incluyendo las casillas diagonales).

Echa un vistazo a este ejemplo. Fíjate especialmente en el 8: significa que
por todas las casillas que lo rodean pasan líneas.

Ahora trata de encontrar la solución de estos juegos:

a.

3				3
	5			
		5		
			8	
		5		

b.

			6	
		4		
	6			
			7	
3				

JUEGO DE COCO 66

 Tiempo ....

¡Para gustos, los colores! Y esta sopa de letras te dejará buen gusto: encuentra todos los colores de la lista. Pueden estar en horizontal, vertical o en diagonal, al derecho o al revés.

L	B	R	E	A	I	D	E	O	R	O	I	N	A	P
B	A	T	A	L	P	A	B	G	U	R	N	L	E	R
O	H	C	A	U	T	L	A	L	I	S	O	D	R	A
M	B	R	A	A	I	V	L	A	A	J	D	S	A	D
E	A	E	L	S	N	O	E	D	O	N	O	C	A	L
T	Z	O	E	C	D	R	M	R	O	D	C	O	M	I
S	U	H	M	N	I	P	O	U	D	E	B	O	A	L
Y	L	N	A	S	G	N	R	R	S	E	E	S	R	A
A	T	I	T	N	O	U	A	E	L	T	S	A	I	R
O	P	C	A	R	E	R	M	U	J	S	E	J	L	R
S	I	L	R	Y	I	V	C	Q	E	E	R	N	L	A
E	T	A	T	E	L	O	I	V	O	L	M	A	O	B
O	M	O	A	L	E	T	L	D	I	E	A	R	P	I
L	E	R	E	D	C	A	M	E	R	C	I	A	O	N
T	U	R	Q	U	E	S	A	C	A	A	U	N	R	A

AMARILLO   LILA   ROSA
AZUL   MARRÓN   TURQUESA
BLANCO   NARANJA   VERDE
CELESTE   ORO   VIOLETA
CREMA   PLATA
ÍNDIGO   ROJO

Si te gusta montar numeritos, seguro que no te costará
nada encontrar los que faltan en estas secuencias:

a. 19   16   13   10   ___

b. 2   3   5   7   ___

c. 3   8   13   18   ___

d. 256 64   16   4   ___

e. 4   5   9   14   23   ___

 Tiempo ....

Completa las casillas en blanco para que cada recuadro tenga los números del 1 al 16.

Reglas

- Tienes que poder empezar en el 1 y pasar al 2, el 3, el 4... y así hasta el 16, siempre moviéndote una sola casilla.

- Puedes moverte hacia arriba, abajo, a la izquierda y a la derecha, pero no en diagonal.

Este ejemplo te ayudará a entender las reglas:

15	14	9	8
16	13	10	7
1	12	11	6
2	3	4	5

a.

4			7
	10	9	
	11	14	
1			16

b.

12			15
	10	9	
	1	8	
3			6

Ten la mente bien despierta para resolver este crucigrama.

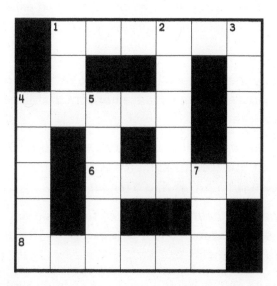

Horizontales

1. Las usan los pájaros para volar y la gente para escribir.

4. Tener miedo de algo.

6. Metal muy muy muy pesado.

8. Huella o mercadillo.

Verticales

1. Cada uno tiene cinco dedos.

2. Puede rodear a un cuadro o una foto.

3. Que no puede oír.

4. Usar las manos, sobre todo con un instrumento musical.

5. Planos de territorios grandes, como países.

7. Que me pertenece.

JUEGO DE COCO 70

¿Sabías que los romanos ya hacían sudokus? Si no lo sabías, no te preocupes, porque no es cierto. Pero en este juego usarás tanto números normales como números romanos.

Reglas

- Debes poner los números del 1 al 6 de forma que todos aparezcan en cada fila horizontal, columna vertical y recuadro.

- Verás que entre varias casillas hay unas letras X y V. Significa que los dos números entre el símbolo tienen que sumar 10 (en las X) o 5 (en las V).

- Si sabes de números romanos, es fácil recordarlo, ya que estos usaban una X para escribir el 10 y una V para escribir el 5.

- Todos los números contiguos que pueden sumar 5 o 10 tienen la V o la X entre ellos. Es decir, si no hay V o X, dos números no pueden sumar ni 5 ni 10. Recordar esto es muy importante para resolver esta clase de «sudokus romanos».

Este ejemplo resuelto te ayudará a entender cómo funciona:

La X significa que las casillas a las que toca han de sumar 10 (6+4=10).

La V significa que las casillas a las que toca han de sumar 5 (3+2=5).

CONSEJO: Al empezar el juego, antes de nada fíjate en las V y las X que ya tienen uno de los dos números y, como ya sabes lo que han de sumar, escribe el otro.

JUEGO DE COCO 71

Pon una letra en cada casilla de esta pirámide de palabras, de forma que desde arriba hasta abajo se correspondan con las definiciones.

En cada nueva fila tienes que añadir una letra a la palabra anterior. Así, cada palabra tendrá una letra más, aunque el orden en que aparecen puede cambiar completamente.

Por ejemplo, si en la primera fila dice OSA, en la segunda puedes añadirle una R y formar RASO, y en la tercera añadir una M y formar MORSA.

a. b. c.

Definiciones

a. Antorcha.

b. Delante.

c. Hierba y sabor típico de caramelos.

d. Juego en que entre varios hacen saltar a alguien sobre una manta.

e. Venzan a alguien, lo dominen.

f. Conjunto de huesos de un animal o persona.

g. De textura grasienta (femenino).

h. Y, hablando de lo anterior, deliciosos dulces navideños.

a.

b.

c.

d.

e.

f.

g.

h.

En este «calcudoku» coloca los números del 1 al 4 en cada fila horizontal y columna vertical. Pero, además, has de conseguir que en cada grupo de casillas se cumpla la instrucción incluida; por ejemplo, «12x» quiere decir que todos los números multiplicados han de dar 12.

Mira este ejemplo:

16x 4			**12x** 3
3x		1	
1-	**12+**	**3-** 4	
1			2

➡️

16x 4			**12x** 3
3x 3	1		4
1- 2	**12+**	**3-** 4	1
1			2

➡️

16x 4	2	1	**12x** 3
3x 3	1	2	4
1- 2	**12+** 3	**3-** 4	1
1	4	3	2

- En los grupos de dos casillas, encuentra el número que falta para que se cumpla la regla: por ejemplo, donde dice «12x» y tienes un 3, el otro número ha de ser un 4, porque 3x4=12.

- Puedes seguir como en un sudoku normal, recordando que los números no pueden repetirse en las filas o columnas. En este ejemplo, en la 2ª fila falta un 2 y en la 3ª un 3. Deduce el resto según las reglas anteriores. ¡Y recuerda que a veces las cosas se entienden mejor probando que solo leyendo las instrucciones!

a.

3+	**11+**	**5+**	2
	3	4	**5+**
6+	1	2	
6+ 4		**4+**	

b.

6x 3		**8x**	**3x**
9+		4		3
4	**6x**		1	
1-		**1-**		4

Todas las respuestas a este problema incluyen una letra del círculo. Siempre han de contener la letra del centro y dos o más de las otras, en cualquier orden (por ejemplo: SANO o NOTAS). ¡Y ojo, que solo puedes usar cada letra una vez por palabra!

Definiciones

a. Hongo.

b. Parecido a estornudar, pero por la boca.

c. Hombre al que la iglesia concede la santidad.

d. Hacer ruido.

e. Realiza una rifa para ver a quién le toca un regalo.

f. Poner tenso.

g. Utensilio de cocina que se coloca sobre el fuego.

Si te gustó el «ventanoku», aquí tienes otro. Recuerda, has de colocar los números del 1 al 9 de forma que aparezcan todos y no se repitan ni en las filas horizontales, ni en las columnas verticales, ni en las zonas sombreadas.

¡O a lo mejor se llama «ventanoku» porque después de resolverlo necesitas aire!

	5	1				6	2	
2			1		9			4
9			6					8
	9			1			6	
	4	6		3	9			
	8			4			3	
7				2				5
8			7		6			3
	2	9				1	7	

Divide esta forma en cuatro trozos, sin que acabe sobrando ningún recuadro. Todos los trozos han de tener la misma forma, aunque puede estar girada de diferentes maneras. Los cuatro trozos no pueden pisarse unos a otros. Tampoco puedes partir los recuadros existentes; tienes que usarlos enteros.

Fíjate en este ejemplo, y cómo las cuatro formas de la solución son exactamente iguales: si las recortaras, podrías girarlas de forma que encajarían exactamente.

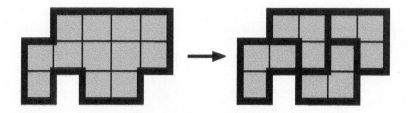

CONSEJO: Empieza calculando cuántos recuadros ha de tener cada trozo. Como los trozos han de ser iguales, solo tienes que contar la cantidad total de recuadros y dividirla entre 4.

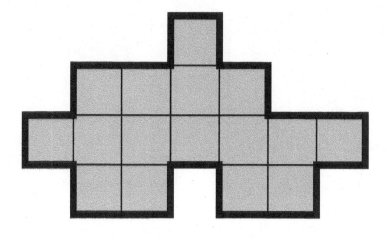

JUEGO DE COCO 76

 Tiempo ....

Completa las casillas en blanco de forma que cada recuadro contenga los números del 1 al 16 (**juego a.**) y del 1 al 25 (**juego b.**).

Reglas

- Tienes que poder empezar por el 1 y pasar al 2, el 3, el 4… y así hasta el último, siempre moviéndote una sola casilla.

- Puedes moverte hacia arriba, hacia abajo, hacia la izquierda y hacia la derecha, pero no en diagonal.

Este ejemplo te ayudará a entender las reglas:

15	14	9	8
16	13	10	7
1	12	11	6
2	3	4	5

a.

	8	9	
2			11
3			16
	5	14	

b.

19		13		11
	17		9	
21		15		7
	23		5	
25		3		1

Usando solo tu imaginación, adivina qué tecla
del ordenador conseguirías si recortaras las casillas
y las ordenaras. No tienes que girarlas, solo cambiar
el orden. Pero recuerda: solo con tu imaginación.
No vale recortarlas de verdad. ¡Te seguimos vigilando!

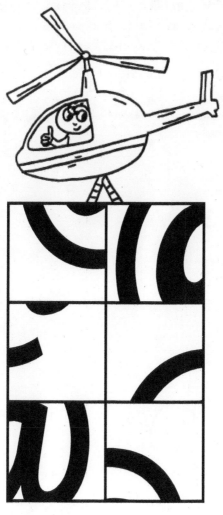

¿Recuerdas el «futoshiki», que es como el hermano mayor de un sudoku (porque además usa el signo «mayor que»)? Tienes que colocar los números del 1 al 4 de forma que solo aparezcan una vez en cada fila y en cada columna.

También has de cumplir con los signos > («mayor que») entre dos casillas. Por ejemplo, «2 > 1» es correcto (2 es mayor que 1), pero «1 > 2» no lo es (1 no es mayor que 2).

Aquí tienes uno ya resuelto, para que veas cómo funciona:

	2	3
2 ◄		1
3	1	2

→

1	2	3
2 ◄	3	1
3	1	2

a.

	3	
	4	
	4	
	3	

b.

	>		2
		> 2	
		1	
1			<

¡Los perros están poniéndose nerviosos, y necesitas un valor de acero y una mente bien despierta para arreglarlo! Tienes que dividir el parque en cuatro partes, usando dos líneas rectas que vayan de una punta a otra. Cada parte tiene que contener un perro, un árbol y una pelota. Las líneas tienen que cruzarse para que puedas formar las cuatro partes. Pista: nadie prohíbe que las líneas vayan en diagonal.

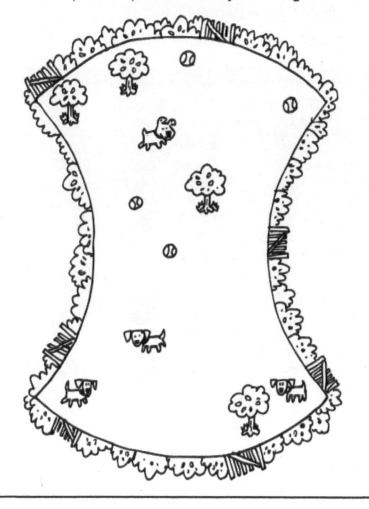

JUEGO DE COCO 80

Para ser espía hay que tener la mente (y la vista) muy despierta. Intenta descifrar estos mensajes secretos con las pistas que tienes en la página de al lado.

Mensaje 1.   WAZAMJPEFDPEJHP

Mensaje 2.   EESETSEAMUENNPSEAOJR

Mensaje 3.   DVRAETNHYUELETED

Mensaje 4.   EEDDSOOAQINONINA

Mensaje 5.   ESOYACIPUANSEANODOIETAOSETRAUVESETAPIOEA

CLAVES

MENSAJE 1: Sustituye cada letra por la que va antes en el alfabeto (la D por la C, la Z por la Y, etc. La A queda igual). Añade tres espacios en blanco a lo largo del mensaje para formar 4 palabras.

MENSAJE 2: Está escrito en dos líneas mezcladas. La primera son las letras 1, 3, 5, etc., y la segunda son las letras 2, 4, 6, etc. En total hay 5 palabras.

MENSAJES 3 Y 4: Lo contrario que el anterior: esta vez has de coger la 1ª letra del mensaje 3, la 1ª del mensaje 4, la 2ª del mensaje 3, la 2ª del mensaje 4, etc. En total son 8 palabras.

MENSAJE 5: Usa solo las vocales de 3 en 3: la 3ª, la 6ª, etc., y tacha el resto de vocales. Haz lo mismo con las consonantes, pero de 2 en 2: la 2ª, la 4ª, la 6ª... El mensaje tiene 5 palabras.

Escribe aquí los mensajes que vayas descifrando:

....

....

....

....

....

Completa este sudoku colocando un número del 1 al 9 en cada casilla. No puedes repetir el mismo número en ninguna fila horizontal, columna vertical ni en un recuadro.

6	2						7	8
5	9		6		2		1	4
			9		8			
	7	1		9		8	4	
			8		4			
	6	4		2		5	3	
			3		9			
3	8		2		6		5	1
1	4						9	3

Las imágenes parecen iguales, pero hay 10 diferencias.
¿Puedes encontrarlas?

JUEGO DE COCO 83

 Tiempo ....

¿Serás capaz de resolver este crucigrama? Las definiciones están escritas dentro de las casillas y marcan con una flecha dónde va la solución. Siempre tienes que escribir las palabras de izquierda a derecha y de arriba abajo, no importa en qué dirección señale la flecha.

Gustos	▼	Flor en escudo ►	**L**			
►			**I**			
Veloz (femenino)		De + el ►	**D**			Vete, aparta ▲
►			Liza			Todavía ▲
			Local para beber ▼			▼
Contenedor de sopa		Habla sin parar ►			▲	
►				Inmejorable		
Comida de la noche		Gran río de Europa ►				

¿Listo para el misterioso sudoku X? Tienes que colocar en las casillas los números del 1 al 9, sin que se repitan en ninguna fila o columna... y tampoco en cada línea diagonal en gris.

		4	2	6	1	9		
	1			9			5	
6								7
8			5	3	7			9
2	7		8		9		1	5
5			6	1	2			4
1								2
	2			8			3	
		7	1	2	3	5		

Un anagrama es una palabra que usa las mismas letras que otra, pero en diferente orden. Por ejemplo, AMOR es un anagrama de ROMA.

En las frases de abajo tienes que colocar la palabra que falta, que siempre es un anagrama de la palabra en mayúsculas.

a. Me gustan tanto las _ _ _ _ _ que me las como siempre a PARES.

b. De mayor quiero ser veterinario y ayudar a SANAR a las _ _ _ _ _.

c. Con unas camperas de TACÓN parece que los pies no _ _ _ _ _ el suelo.

d. Cuando hace calor me da tanta sed que lleno el FRIGO de agua del _ _ _ _ _.

e. Quiero _ _ _ _ _ una canción muy CORTA, pero en cuanto empiezo los vecinos se quejan.

f. Te tengo dicho que vayas con cuidado cuando ENTRES en los _ _ _ _ _ _.

g. Quiero acariciar a un _ _ _ _ _ pero temo que se enfade y me GRITE.

¿Apostamos a que bates el récord de velocidad en colocar todas las palabras en las casillas?

CONSEJO: Empieza por la palabra de 9 letras para responder.

3 letras		4 letras	9 letras
AMA	PAN	AIRE	APOSTAMOS
ARO	PAR	FEOS	
DAS	RED		
DOS	SEO	**5 letras**	
ESO	SIR	LISTO	
IDA	SON	MADRE	
IRA	VID	NADIE	
OSO	VIL	REINO	

JUEGO DE COCO 87

 Tiempo ....

Si recortaras estas formas, ¿con cuáles podrías construir una pirámide de cuatro caras (tres lados y la base), sin que falte ninguna?

Una vez montada, la pirámide quedaría así:

a.
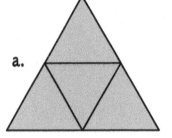

b.
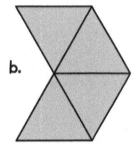

c.
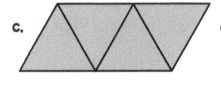

d.
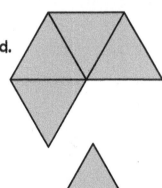

e.
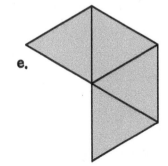

f.
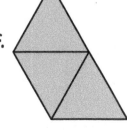

Conecta las formas iguales mediante una línea. Pero, ¡ojo!: las líneas no pueden tocarse o cruzarse, y no puede haber más de una en cada casilla. Tampoco puedes usar líneas diagonales.

Aquí tienes una solución de ejemplo:

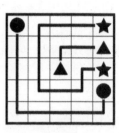

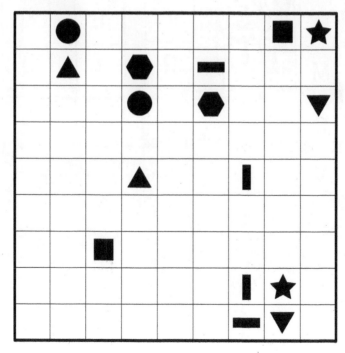

JUEGO DE COCO 89

 Tiempo...........................

Imagina subir y bajar estas tiras de letras para formar
diferentes palabras en la «ventana» horizontal. ¿Cuántas
puedes formar tú? Todas han de ser de cinco letras,
no pueden quedar espacios vacíos. Para empezar
ya te hemos puesto una en la «ventana».

NIVEL BUENO: 5 palabras
NIVEL TRIUNFO: 10 palabras
NIVEL GENIO: 15 palabras

Si te gustan los sudokus, el supersudoku te supermolará. Complétalo poniendo un número del 1 al 6 en cada casilla. No puedes repetir el mismo número en ninguna fila horizontal, columna vertical ni en la zona remarcada.

 Tiempo..

Mira estas caras de perros.

a. ¿Cuántos perros hay en total?

b. ¿Cuántos perros están sonriendo?

c. ¿Cuántos perros tristes hay en la misma fila o columna en que hay otro que saca la lengua?

d. ¿Cuántos ojos abiertos hay en total?

e. Sin que vuelvas a mirar, ¿cuántos ojos cerrados hay?

f. ¿Hay más perros dormidos o perros que guiñan un ojo?

 Tiempo............................

A ver cuánto tardas en encontrar las palabras ocultas en este mensaje secreto. Tienes que borrar una letra de cada par.

Mira este ejemplo. Borrando una letra de cada par se obtiene «COCO»:

ꓥC ꓮO Cꓔ OꓭD

a. AO ZV UI NL

b. BC AO ES RS

c. FL OA AE NZ AO

d. SC IO EA HS FT AI

JUEGO DE COCO 93

Aquí tienes otro «kakuro», que es como una curiosa mezcla de sudoku y crucigrama. Tienes que colocar un número del 1 al 9 en cada casilla.

Reglas

- En las casillas sombreadas, el número de arriba de la diagonal indica lo que deben sumar las casillas en blanco a su derecha hasta llegar a la siguiente casilla sombreada. El número de debajo de la diagonal indica lo que deben sumar las casillas en blanco de debajo hasta la siguiente casilla sombreada.

- En las casillas blancas seguidas, horizontales o verticales, no se puede repetir el mismo número. Por ejemplo, si dos casillas han de sumar 4, valen un 3 y un 1, o un 1 y un 3, pero no un 2 y otro 2.

Mira este «antes» y «después» para ver cómo funciona el juego:

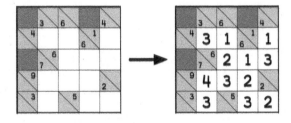

JUEGO DE COCO 94

Usa la lógica para averiguar qué casillas contienen minas ocultas.

Reglas

- Las minas solo pueden estar en las casillas vacías, no en las que tienen números.

- El número de dentro de una casilla indica cuántas minas hay en las casillas que la rodean, incluidas las diagonales.

Mira este ejemplo para ver cómo funciona:

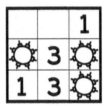

Ahora prueba con estos tres cuadrados:

a.

	2	0		
			3	2
2				
2		4		2
	1	1	1	

b.

1				4	2
	3				
3	4				
		3		2	
	2	1	1		
		O		2	

c.

	2		
1		2	
1	1		
		1	1

¡Chist! El juego C es un poco más complicado. ¡Espero que tengas la mente bien despierta!

JUEGO DE COCO 95

 Tiempo...

Para hacer una buena sopa de letras hay que tener la cocina
bien equipada; encuentra todos los elementos de la lista.
Pueden estar en horizontal, en vertical o en diagonal,
al derecho o al revés.

```
L  E  A  B  R  I  D  O  R  S  E  I  L  O
E  L  S  O  O  O  L  L  I  T  A  L  P  T
R  D  E  R  D  S  A  R  N  A  D  A  F  A
I  B  X  C  A  R  A  U  O  D  N  E  O  B
A  A  P  U  S  O  A  E  S  E  E  T  R  L
R  T  R  O  A  D  Z  S  R  C  S  A  I  A
E  I  I  N  M  I  Z  A  O  J  P  A  O  D
U  D  M  Q  A  L  I  N  C  R  U  L  H  E
Q  O  I  U  E  L  P  L  N  O  M  O  L  Q
E  R  D  O  B  O  A  E  O  D  A  R  E  U
T  A  O  L  W  L  T  L  S  A  D  E  W  E
N  E  R  O  E  R  R  A  I  L  E  C  I  S
A  A  K  N  A  V  O  I  V  O  R  A  E  O
M  Q  U  S  O  H  C  R  O  C  A  C  A  S
```

ABRIDOR	ESPUMADERA	SACACORCHOS
AMASADOR	EXPRIMIDOR	SARTÉN
BATIDORA	MANTEQUERA	TABLA DE
CACEROLA	PANERA	QUESOS
COLADOR	PLATILLO	WOK
CORTAPIZZA	RODILLO	

Las cuatro piezas que faltan en este puzle se han mezclado con otras de uno diferente. ¿Cuáles son las que necesitas para completar la imagen?

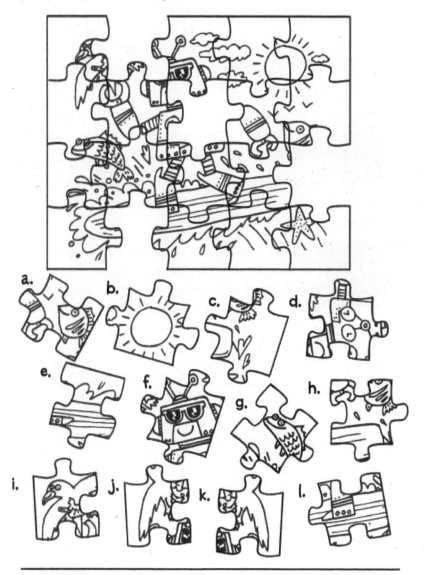

JUEGO DE COCO 97

Sabíamos que echabas de menos los «sudokus romanos», así que te hemos preparado otro. Recuerda que este juego usa tanto números normales como números romanos.

Reglas

- Debes colocar los números del 1 al 6 de forma que todos aparezcan en cada fila horizontal, columna vertical y recuadro.

- Verás que entre varias casillas hay unas letras X y V. Significa que los dos números entre el símbolo tienen que sumar 10 (en las X) o 5 (en las V).

- Si sabes de números romanos, es fácil recordarlo, ya que estos usaban una X para escribir el 10 y una V para escribir el 5.

- Todos los números contiguos que pueden sumar 5 o 10 tienen la V o la X entre ellos. Es decir, si no hay V o X entre ellos, dos números no pueden sumar ni 5 ni 10. Recordar esto es muy importante para resolver esta clase de «sudokus romanos».

Este ejemplo resuelto te ayudará a entender cómo funciona:

La X significa que las casillas a las que toca han de sumar 10 (6+4=10).

La V significa que las casillas a las que toca han de sumar 5 (3+2=5).

2	5	3	6	1	4
1	6	4	5	3	2
6	2	5	1	4	3
4	3	1	2	5	6
5	4	2	3	6	1
3	1	6	4	2	5

CONSEJO: Al empezar el juego, fíjate antes que nada en las V y las X que ya tienen uno de los dos números y, como ya sabes lo que tienen que sumar, escribe el otro.

4	3		1	6	
x			v		
		1			x
v		v		v	
		x	5		
	x				
					v
	2	6		5	4

JUEGO DE COCO 98

 Tiempo...............................

¡Esto es brujería! El caldero está lleno de letras, pero tú has de encontrar los nombres de cuatro números.

¡El ladrón de vocales sigue suelto! Intenta volver a poner todas las que se ha llevado de las palabras de abajo.

Por ejemplo: JMPL ➡ **EJEMPLO**

a. J R D N

b. F R M L

c. L L V

d. N T R N D R

E. Z T

f. X T

g. Y

JUEGO DE COCO 100

Demuestra que es cierto que tienes muchas luces: en este juego has de colocar farolas por las «calles» del tablero, de forma que no quede ni una casilla sin iluminar.

Reglas

- Las farolas iluminan todas las casillas de su fila y su columna hasta el final o hasta que se topan con una casilla negra. No iluminan en diagonal.

- El número en algunas casillas indica en cuántas de las casillas que rodean a esta (menos las diagonales) debe haber una farola.

- Ninguna farola puede iluminar a otra.

- Puedes colocar farolas en todas las casillas vacías que quieras, siempre que cumplas con estas reglas.

Mira este ejemplo de «antes» y «después»:

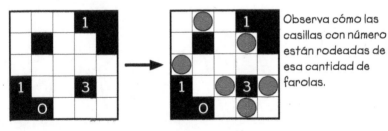

Observa cómo las casillas con número están rodeadas de esa cantidad de farolas.

Imagínate qué casillas ilumina cada farola; verás que todas las casillas del tablero quedan iluminadas, ninguna farola ilumina a otra, y se cumple lo indicado en las casillas numeradas.

CONSEJO: Para aclararte, puedes marcar con una línea de puntos lo que ilumina cada farola.

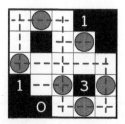

¡A ver si puedes echar luz sobre estos dos problemas!

a.

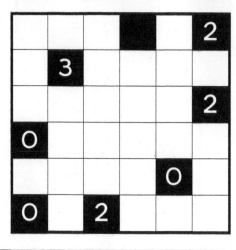

b.

¡Vuelve el misterioso sudoku X! Tienes que colocar en las casillas los números del 1 al 9, sin que se repitan en ninguna fila o columna… y tampoco en cada línea diagonal en gris.

		5	3		7	4		
	8			9			7	
9		7				8		5
4				7				8
	7		2		8		4	
3				4				7
7		4				1		2
	2			5			6	
		6	9		2	7		

SOLUCIONES

JUEGO DE COCO 1

a.

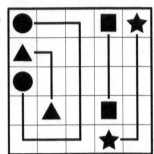

b.

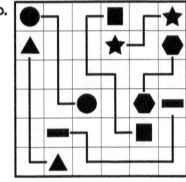

JUEGO DE COCO 2

a.
MAR
MAL
SAL
SOL

b.
GOL
GIL
MIL
MÍO

c.
PAZ
HAZ
HOZ
HOY

JUEGO DE COCO 3

Las piezas correctas son la **b**, la **c** y la **d**.

JUEGO DE COCO 4

a. En el nivel inferior hay 8 cubos (uno de ellos no se ve) y en el superior hay 1, lo que da un total de 9 cubos.

b. En el nivel inferior hay 9 cubos (uno de ellos no se ve, pero, si no estuviera, el cubo de arriba no se sostendría) y en el superior hay 2, lo que da un total de 11 cubos.

SOLUCIONES

JUEGO DE COCO 5

Palabras posibles:

LÍO	MIS
LIS	RAS
LOS	TAL
MAL	TÍO
MÁS	RÍO
MIL	ROL
MÍO	TOS

JUEGO DE COCO 6

a.

1	1	2	1
	☼	2	☼
2	3		2
☼	2	☼	

b.

1	☼	☼	
2	3	3	☼
☼	2		1
☼		0	

c.

	1	1	0	
	☼		2	1
1	3	☼	4	☼
	2	☼	5	☼
		2	☼	

JUEGO DE COCO 7

Mensaje 1. PERCEBE

Mensaje 2. DEDO

JUEGO DE COCO 8

a. Para conseguir la cantidad exacta necesitas
7 monedas: 10, 10, 10, 10, 5, 2 y 1.

b. Tres monedas. Podrías usar cuatro para pagar el precio
exacto (10, 10, 5 y 2), pero normalmente en las tiendas
puedes dar dinero de más y te devuelven el cambio,
así que tres monedas de 10 sumarían 30 estrellas, más
que suficiente.

c. No es tan difícil como parece. Para tener 33 estrellas
necesitas cinco monedas: 10, 10, 10, 2 y 1. Con tres
de esas mismas monedas (10, 10 y 2) puedes sumar
22 estrellas, así que solo necesitas esas cinco.

d. El cambio sería 37 estrellas. El mínimo de monedas
es cinco: 10, 10, 10, 5 y 2.

SOLUCIONES

JUEGO DE COCO 9

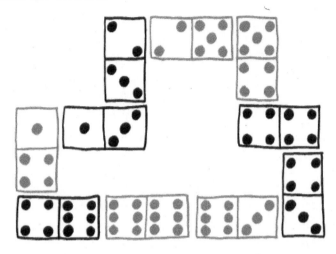

JUEGO DE COCO 10

JUEGO DE COCO 11

6	4	2	1	3	5
3	5	1	6	4	2
1	6	5	4	2	3
2	3	4	5	1	6
4	2	6	3	5	1
5	1	3	2	6	4

JUEGO DE COCO 12

SOLUCIONES

JUEGO DE COCO 13

JUEGO DE COCO 14

a. 30 bichos.

b. Hay más bichos blancos que negros (17 blancos y 13 negros).

c. 12 bichos.

d. 11 bichos.

e. 8 bichos.

JUEGO DE COCO 15

a.
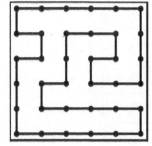

b.
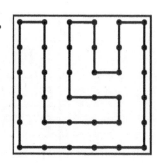

JUEGO DE COCO 16

SOLUCIONES

JUEGO DE COCO 17

1	3	4	5	2	6
6	4	2	3	1	5
5	2	6	1	3	4
2	6	3	4	5	1
4	5	1	2	6	3
3	1	5	6	4	2

JUEGO DE COCO 18

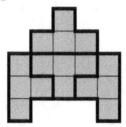

JUEGO DE COCO 19

a. ROSA   c. LOCAS   e. TRATO

b. SOLA   d. CASAS   f. TOSER

JUEGO DE COCO 20

a. 9 (en cada tramo se añaden 2).

b. 32 (cada tramo es el doble que el anterior).

c. 14 (en cada tramo se añaden 3).

d. 1 (en cada tramo se divide entre 3).

e. 14 (en cada tramo se añade uno más: +1, +2, +3 y +4).

JUEGO DE COCO 21

a.

3	2	1
1	3 > 2
2	1	3

b.

3	4	2	1
2 > 1	3	4
1	2	4 > 3
4 > 3	1 < 2

SOLUCIONES

JUEGO DE COCO 22

Algunas de las palabras que puedes formar:

CAMA	COMO	LOZA
CARA	FAMA	
CAZA	FARO	
CAZO	LAMA	
CERA	LAME	
CERO	LAMO	
COMA	LAZO	

JUEGO DE COCO 23

1	4	6	2	3	5
3	5	2	4	6	1
6	2	1	3	5	4
5	3	4	1	2	6
2	1	5	6	4	3
4	6	3	5	1	2

JUEGO DE COCO 24

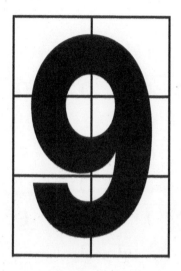

JUEGO DE COCO 25

Las palabras ocultas son:

BÁDMINTON, PÁDEL y TENIS.

SOLUCIONES

JUEGO DE COCO 26

B	O	L	A		O		
A			T	O	R	O		R
R	U	B	I		O	B	O	E
			C			R		T
F	O	T	O	G	R	A	F	O
O		I			O			
C	A	R	A		B	I	E	N
A		A	L	T	O			O
		A		T	R	E	S	

JUEGO DE COCO 27

a.

10+ 3	3+ 1	2
1	2	3
5+ 2	3	1

b.

4+ 2	1	6+ 3
1	18× 3	2
3	2	1

c.

11+ 3	2× 2	1
2	1	3
2- 1	3	2

JUEGO DE COCO 28

Las parejas de monstruos son:
a y f, b y h, c y d, e y g.

JUEGO DE COCO 29

a. RATO

b. ROTA

c. RENOS

d. RESTA

e. NORTE

f. TENOR

g. TOSER

h. ENTRA

i. SARTÉN

j. RATONES

JUEGO DE COCO 30

a.

7
2
5
10
6
3

b.

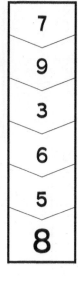

7
9
3
6
5
8

c.

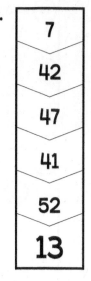

7
42
47
41
52
13

SOLUCIONES

JUEGO DE COCO 31

a. CAMA

b. LEONA

c. CAMELA

d. MONA

e. ALEMÁN

La palabra que usa todas las letras es CAMALEÓN.

JUEGO DE COCO 32

a.
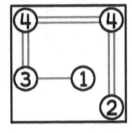

b.
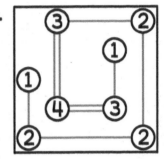

c.
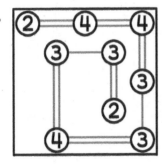

JUEGO DE COCO 33

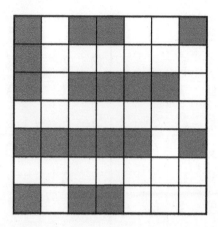

JUEGO DE COCO 34

SOLUCIONES

JUEGO DE COCO 35

3	2	8	4	7	1	6	5
1	6	5	7	8	2	3	4
4	7	1	5	6	8	2	3
6	8	3	2	5	7	4	1
2	5	6	1	3	4	7	8
8	4	7	3	1	6	5	2
5	1	4	6	2	3	8	7
7	3	2	8	4	5	1	6

JUEGO DE COCO 36

a. Meses del año: Enero, Febrero, Marzo, Abril, Mayo, Junio, Julio, Agosto, Septiembre, Octubre, Noviembre y Diciembre.

b. Colores del arcoíris: Rojo, Naranja, Amarillo, Verde, Azul, Índigo y Violeta.

c. Los números en orden: Uno, Dos, Tres, Cuatro, Cinco, Seis, Siete, Ocho, Nueve y Diez.

d. Posiciones en orden (se los llama «números ordinales»): Primero, Segundo, Tercero, Cuarto, Quinto, Sexto, Séptimo, Octavo, Noveno y Décimo.

JUEGO DE COCO 37

a.

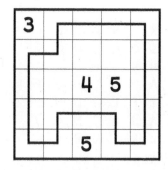

b.

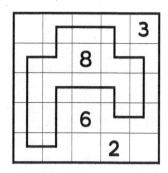

JUEGO DE COCO 38

4	1	2	6	3	5
3	6	5	4	1	2
2	5	6	1	4	3
1	4	3	5	2	6
6	2	4	3	5	1
5	3	1	2	6	4

SOLUCIONES

JUEGO DE COCO 39

JUEGO DE COCO 40

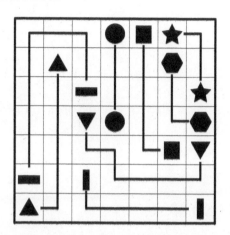

JUEGO DE COCO 41

a. BASTANTE

b. MARAVILLA

c. ALMORZAR

d. SOÑADOR

e. MURCIÉLAGO

f. CANTANTE (o CONTENTO)

g. TELEVISIÓN

h. CARRETERA

SOLUCIONES

JUEGO DE COCO 42

a. 12 flores.

b. 66 hojas.

c. 5 flores.

d. Hay más pétalos blancos que negros (68 blancos y 55 negros).

e. 4 flores.

JUEGO DE COCO 43

a. TÍO

b. ROCA

c. MESA

d. GANSO

JUEGO DE COCO 44

2	7	3	6	4	5	1	8
5	8	1	4	7	6	2	3
6	1	8	3	2	7	4	5
7	5	4	2	8	3	6	1
3	6	7	1	5	2	8	4
4	2	5	8	3	1	7	6
1	4	2	5	6	8	3	7
8	3	6	7	1	4	5	2

JUEGO DE COCO 45

Los pares de flores son:
a y g, b y j, c y e, d e i, f y h.

JUEGO DE COCO 46

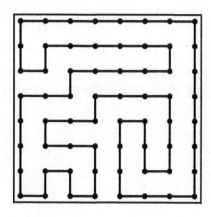

SOLUCIONES

JUEGO DE COCO 47

Si has contado los cuatro niveles de abajo arriba, habrás obtenido:

- 3 x 5 = 15 cubos en el nivel inferior.

- En el 2.º faltan 3 cubos, por lo que tienes 15 - 3 = 12.

- En el 3.º faltan 4 cubos, por lo que tienes 15 - 4 = 11.

- En el nivel superior faltan 7 cubos, y 15 - 7 = 8 (aunque en este caso es más fácil contar los cubos que ves). La cantidad total de cubos es de 15 + 12 + 11 + 8 = 46.

JUEGO DE COCO 48

6	1 < 2	4	3 < 5
5	3 4 < 6	2 > 1	
2	5 3	1 < 4 < 6	
1	4 6 > 3	5 2	
4	2 1	5 6 3	
3	6 5	2 1 4	

JUEGO DE COCO 49

a. MESA   **d.** MORSE

b. ASEO   **e.** ROMPES

c. PESAR

Reto extra: con todas las letras puedes formar PROMESAS.

JUEGO DE COCO 50

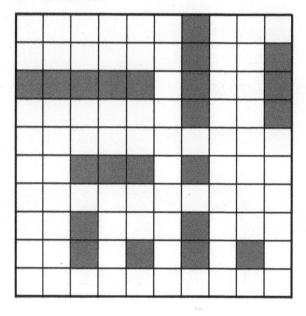

SOLUCIONES

JUEGO DE COCO 51

a.
- GATO
- RATO
- ROTO
- ROBO
- BOBO

b
- RATA
- ROTA
- ROMA
- COMA
- GOMA

Hay otras soluciones posibles.

JUEGO DE COCO 52

JUEGO DE COCO 53

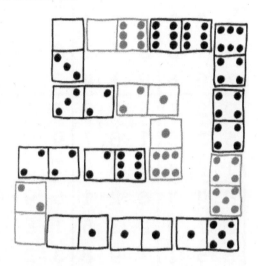

JUEGO DE COCO 54

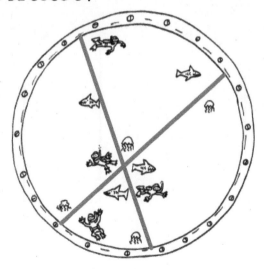

SOLUCIONES

JUEGO DE COCO 55

3	8	2	9	5	6	4	7	1
4	1	5	3	7	2	8	6	9
7	9	6	8	1	4	2	5	3
9	2	7	5	4	3	6	1	8
5	3	8	1	6	7	9	4	2
1	6	4	2	8	9	7	3	5
8	4	3	6	2	1	5	9	7
2	7	9	4	3	5	1	8	6
6	5	1	7	9	8	3	2	4

JUEGO DE COCO 56

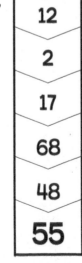

a.

16
4
24
5
17
7

b.

12
2
17
68
48
55

c.

20
33
28
45
32
64

JUEGO DE COCO 57

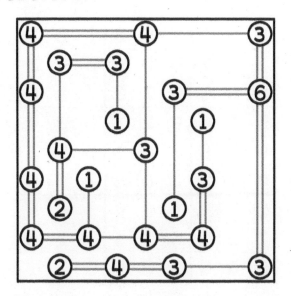

JUEGO DE COCO 58

Algunas palabras que puedes formar:

LEO	MEO	RES	TOS
LES	MES	RÍO	
LÍO	MÍO	ROO	
LIS	MIS	TIC	
LOS	REO	TÍO	

¿LO SABÍAS? Para llegar a más que Genio, «roo» es el presente de indicativo del verbo «roer»; por ejemplo, «Yo roo pipas».

SOLUCIONES

JUEGO DE COCO 59

6	4	9	1	5	3	2	8	7
1	2	7	8	9	6	5	4	3
8	5	3	4	7	2	1	9	6
5	1	6	9	2	7	8	3	4
9	7	8	3	4	1	6	5	2
4	3	2	5	6	8	7	1	9
2	8	4	7	1	9	3	6	5
7	9	1	6	3	5	4	2	8
3	6	5	2	8	4	9	7	1

JUEGO DE COCO 60

a.

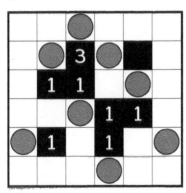

b.

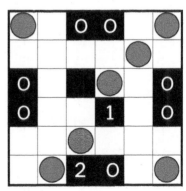

JUEGO DE COCO 61

a.

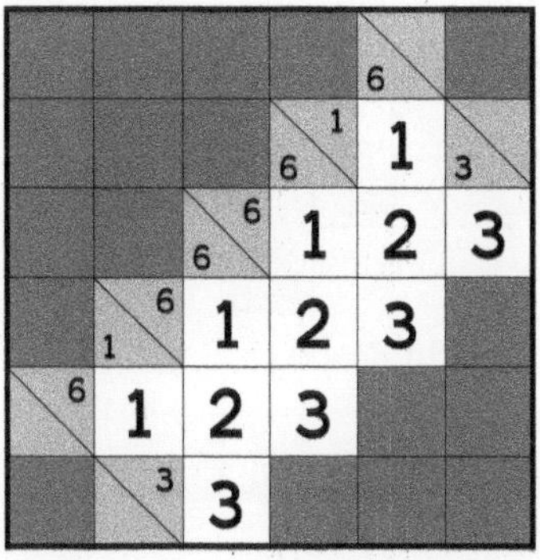

b.

JUEGO DE COCO 62

a. Mes

b. Mesa

c. Mates

d. Martes

e. Tramase

f. Matraces

g. Recatamos

SOLUCIONES

JUEGO DE COCO 63

Las formas con las que puedes hacer cubos son la **b**, la **c** y la **e**.

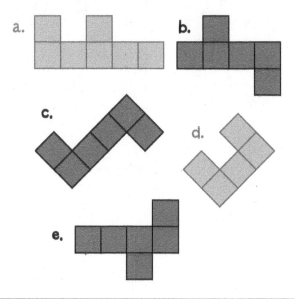

JUEGO DE COCO 64

JUEGO DE COCO 65

a.

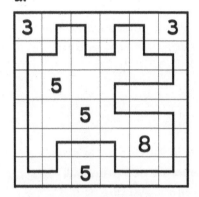

b.

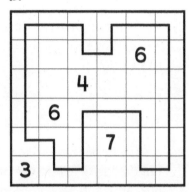

JUEGO DE COCO 66

L	B	R	E	A	I.	D	E	O	R	O	I	N	A	P
B	A	T	A	L	P	A	B	G	U	R	N	L	E	R
O	H	C	A	U	T	L	A	L	I	S	O	D	R	A
M	B	R	A	A	I	V	L	A	A	J	D	S	A	D
E	A	E	L	S	N	O	E	D	O	N	O	C	A	L
T	Z	O	E	C	D	R	M	R	O	D	C	O	M	I
S	U	H	M	N	I	P	O	U	D	E	B	O	A	L
Y	L	N	A	S	G	N	R	R	S	E	E	S	R	A
A	T	I	T	N	O	U	A	E	L	T	S	A	I	R
O	P	C	A	R	E	R	M	U	J	S	E	J	L	R
S	I	L	R	Y	I	V	C	Q	E	E	R	N	L	A
E	T	A	T	E	L	O	I	V	O	L	M	A	O	B
O	M	O	A	L	E	T	L	D	I	E	A	R	P	I
L	E	R	E	D	C	A	M	E	R	C	I	A	O	N
T	U	R	Q	U	E	S	A	C	A	A	U	N	R	A

SOLUCIONES

JUEGO DE COCO 67

a. 7 (en cada tramo se resta 3).

b. 11 (Son números primos, que solo pueden dividirse entre ellos mismos y entre 1 con números enteros de resultado).

c. 23 (en cada tramo se suma 5).

d. 1 (en cada tramo se divide entre 4).

e. 37 (Cada número es la suma de los dos anteriores. Puede ser difícil de ver porque los dos primeros números aún no cumplen la regla. Así que, si has encontrado otra solución, también vale).

JUEGO DE COCO 68

a.

4	5	6	7
3	10	9	8
2	11	14	15
1	12	13	16

b.

12	13	14	15
11	10	9	16
2	1	8	7
3	4	5	6

JUEGO DE COCO 69

JUEGO DE COCO 70

4	3	1	5	2	6
2	5	6	3	4	1
6	4	3	2	1	5
1	2	5	4	6	3
3	6	4	1	5	2
5	1	2	6	3	4

SOLUCIONES

JUEGO DE COCO 71

a. Tea

b. Ante

c. Menta

d. Manteo

e. Sometan

f. Osamenta

g. Mantecosa

h. Mantecados

JUEGO DE COCO 72

a.

3+ 1	11+ 4	5+ 3	2
2	3	4	5+ 1
6+ 3	1	2	4
6+ 4	2	4+ 1	3

b.

6x 3	2	8x 4	3x 1
9+ 1	4	2	3
4	6x 3	1	2
1- 2	1	1- 3	4

JUEGO DE COCO 73

a. Seta

b. Toser

c. Santo

d. Sonar

e. Sortea

f. Tensar

g. Sartén

JUEGO DE COCO 74

3	5	1	8	7	4	6	2	9
2	6	8	1	3	9	7	5	4
9	4	7	5	6	2	3	1	8
5	9	3	2	1	8	4	6	7
1	7	4	6	5	3	9	8	2
6	8	2	9	4	7	5	3	1
7	3	6	4	2	1	8	9	5
8	1	5	7	9	6	2	4	3
4	2	9	3	8	5	1	7	6

JUEGO DE COCO 75

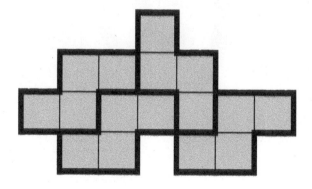

SOLUCIONES

JUEGO DE COCO 76

a.

1	8	9	10
2	7	12	11
3	6	13	16
4	5	14	15

b.

19	18	13	12	11
20	17	14	9	10
21	16	15	8	7
22	23	4	5	6
25	24	3	2	1

JUEGO DE COCO 77

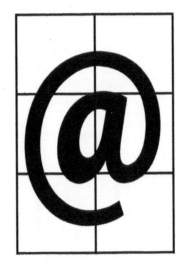

JUEGO DE COCO 78

a.

4	2	3	1
3	1	4	2
1	4	2	3
2	3	1	4

b.

4 >	3	1	2
3	4 >	2	1
2	1	4	3
1	2	3 <	4

JUEGO DE COCO 79

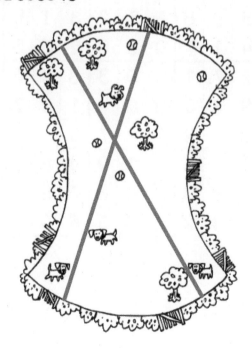

SOLUCIONES

JUEGO DE COCO 80

Mensaje 1. VAYA LÍO DE CÓDIGO.

Mensaje 2. ESTE MENSAJE ES AÚN PEOR.

Mensajes 3 y 4. DE VERDAD, ESTO NO HAY QUIEN LO ENTIENDA.

Mensaje 5. YA PASO DE SER ESPÍA.

JUEGO DE COCO 81

6	2	3	4	5	1	9	7	8
5	9	8	6	7	2	3	1	4
4	1	7	9	3	8	2	6	5
2	7	1	5	9	3	8	4	6
9	3	5	8	6	4	1	2	7
8	6	4	1	2	7	5	3	9
7	5	6	3	1	9	4	8	2
3	8	9	2	4	6	7	5	1
1	4	2	7	8	5	6	9	3

JUEGO DE COCO 82

JUEGO DE COCO 83

	S		L	I	S
R	A	P	I	D	A
	B		D	E	L
B	O	L		A	
	R		B	L	A
C	E	N	A		U
	S		R	I	N

SOLUCIONES

JUEGO DE COCO 84

7	5	4	2	6	1	9	8	3
3	1	2	7	9	8	4	5	6
6	8	9	3	5	4	1	2	7
8	4	1	5	3	7	2	6	9
2	7	6	8	4	9	3	1	5
5	9	3	6	1	2	8	7	4
1	3	8	4	7	5	6	9	2
4	2	5	9	8	6	7	3	1
9	6	7	1	2	3	5	4	8

JUEGO DE COCO 85

a. PERAS

b. RANAS

c. TOCAN

d. GRIFO

e. TOCAR

f. TRENES

g. TIGRE

JUEGO DE COCO 86

JUEGO DE COCO 87

Solo **a** y **c** pueden formar la pirámide. Si esto te
sorprende, ahora sí que puedes recortarlas y doblarlas.

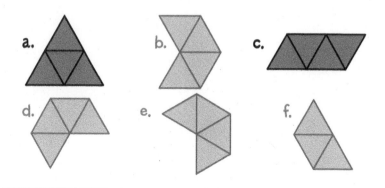

SOLUCIONES

JUEGO DE COCO 88

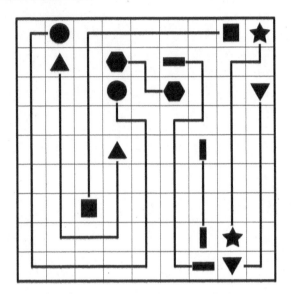

JUEGO DE COCO 89

Algunas de las palabras que puedes encontrar:

CACEN	MATAR	VOCES
CACOS	MEROS	VOTAR
CAROS	METER	
CATAR	MOCOS	
CEROS	MOTOS	
COCER	VARAR	
COCOS	VARÓN	
COROS	VECES	
MAREA	VETAR	

JUEGO DE COCO 90

4	1	2	5	6	3
2	3	6	4	5	1
5	4	1	2	3	6
6	2	3	1	4	5
1	6	5	3	2	4
3	5	4	6	1	2

JUEGO DE COCO 91

a. 49 perros.

b. 33 perros.

c. 14 perros.

d. 69 ojos abiertos.

e. 29 ojos cerrados.

f. Hay más perros guiñando un ojo (11) que durmiendo (9).

JUEGO DE COCO 92

a. AZUL

b. CAER

c. FAENA

d. SIESTA

SOLUCIONES

JUEGO DE COCO 93

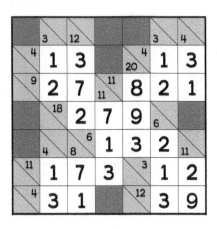

JUEGO DE COCO 94

a.

☼	2	0		☼
☼			3	2
2	☼	☼	☼	
2		4	☼	2
☼	1	1	1	

b.

1		☼	☼	4	2
☼	3		☼	☼	☼
3	4	☼	☼		
☼	☼	3		2	
	2	1	1	☼	
		0		2	☼

c.

☼	2	☼	
1		2	
1	1		☼
☼		1	1

JUEGO DE COCO 95

```
L E A B R I D O R S E I L O
E L S O O O L L I T A L P T
R D E R D S A R N A D A F A
I B X C A R A U O D N E O B
A A P U S O A E S E E T R L
R T R O A D Z S R C S A I A
E I I N M I Z A O J P A O D
U D M Q A L I N C R U L H E
Q O I U E L P L N O M O L Q
E R D O B O A E O D A R E U
T A O L W L T L S A D E W E
N E R O E R R A I L E C I S
A A K N A V O I V O R A E O
M Q U S O H C R O C A C A S
```

SOLUCIONES

JUEGO DE COCO 96

Las piezas de puzle correctas son la **c**, la **d**, la **e** y la **k**.

JUEGO DE COCO 97

4	3	5	1	6	2
6	1	2	4	3	5
3	5	1	2	4	6
2	6	4	5	1	3
5	4	3	6	2	1
1	2	6	3	5	4

Quizás hayas pensado que los números en los círculos podían intercambiarse, pero no es así: recuerda que las reglas dicen que se indican todas las X y las V. Así, no hay dos casillas juntas que puedan sumar 5 o 10.

Si hubieras intercambiado los números de los círculos, los dos 2 hubieran quedado junto a dos 3, y eso no puede ser correcto ya que no hay una V entre las casillas.

JUEGO DE COCO 98

CERO

VEINTE

MIL

CIEN

SOLUCIONES

JUEGO DE COCO 99

a. JARDÍN

b. FÓRMULA (o FORMAL, o FORMOL...)

c. LLAVE (o LLEVA, o LLUEVE...)

d. ENTRENADOR

e. ZETA

f. ÉXITO

g. YA (o YO)

JUEGO DE COCO 100

a.

b.

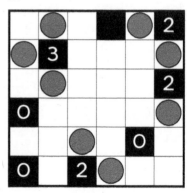

JUEGO DE COCO 101

2	6	5	3	8	7	4	1	9
1	8	3	4	9	5	2	7	6
9	4	7	6	2	1	8	3	5
4	1	2	5	7	6	3	9	8
6	7	9	2	3	8	5	4	1
3	5	8	1	4	9	6	2	7
7	9	4	8	6	3	1	5	2
8	2	1	7	5	4	9	6	3
5	3	6	9	1	2	7	8	4

TOMA NOTA